# IMUNIDADE
# EMOCIONAL

# FELIPE LIMA

# IMUNIDADE EMOCIONAL
## MENTE BLINDADA, MINDSET INABALÁVEL

Luz da Serra
EDITORA

Nova Petrópolis/RS - 2022

Produção editorial:
Tatiana Müller

Capa:
Nine Editorial

Revisão:
Isadora Torres
Marcos Seefeld

Projeto gráfico e diagramação:
Gabriela Guenther

**Dados Internacionais de Catalogação na Publicação (CIP)**

Lima, Felipe
   Imunidade emocional : mente blindada, mindset inabalável / Felipe Lima. -- Nova Petrópolis, RS : Luz da Serra Editora, 2021.

   ISBN 978-65-88484-34-0

   1. Autoajuda 2. Desenvolvimento pessoal 3. Inteligência emocional 4. Mudança de comportamento I. Título.

21-78055 CDD-152.4

Índices para catálogo sistemático:
1. Inteligência emocional : Psicologia aplicada 152.4
Aline Graziele Benitez - Bibliotecária - CRB-1/3129

Todos os direitos reservados. Nenhuma parte desta obra pode ser reproduzida ou transmitida por qualquer forma e/ou quaisquer meios (eletrônico ou mecânico, incluindo fotocópia e gravação) ou arquivada em qualquer sistema ou banco de dados sem permissão escrita da Editora.

**Luz da Serra Editora Ltda.**
Avenida Quinze de Novembro, 785
Bairro Centro - Nova Petrópolis/RS
CEP 95150-000
loja@luzdaserra.com.br
www.luzdaserra.com.br
www.loja.luzdaserraeditora.com.br
Fones: (54) 3281-4399 / (54) 99113-7657

# SUMÁRIO

**Agradecimentos** ................................................................. 9

**Prefácio** ............................................................................ 11

**Apresentação** ................................................................... 13

**Como tudo começou** ........................................................ 19

**Capítulo 1**
**IMUNIDADE EMOCIONAL** ............................................. 27

Os cinco recursos da Imunidade Emocional ....................... 31
A Tríade da Gentileza ........................................................ 53
Praticando os recursos da Imunidade Emocional .............. 60

**Capítulo 2**
**AUTOIMAGEM, A BASE DE TUDO** ............................... 70

As Três Partes Internas ..................................................... 74
Faixa das três partes ........................................................ 82
Como lidar com a recorrência de erros e insucessos .......... 86

Como lidar com a opinião alheia ......................................................... 92

**Capítulo 3**
**COMO DEFINIR O QUE SERÁ MUDADO NA SUA VIDA** ............................................. 98
Cartaz dos sonhos .......................................................................... 108

**Capítulo 4**
**PASSO A PASSO RUMO ÀS MUDANÇAS** ............... 116
Limpeza inicial: comece pela ansiedade ...................................... 118
Como controlar a raiva ............................................................... 121
Como lidar com pessoas explosivas
ou excessivamente críticas ......................................................... 123
Como lidar com o medo de falar em público ............................. 126
Como lidar com o medo de gravar vídeos ................................. 130
Como lidar com o medo de dirigir .............................................. 131
Como lidar com o medo de voar de avião ................................. 132
Como lidar com o medo de fazer prova .................................... 134
Como lidar com o medo de ter sucesso .................................... 136
Como lidar com o medo de entrevistas de emprego ............... 138
Como lidar com o medo de reuniões ........................................ 143
Como lidar com o medo de dentista .......................................... 145
Como superar o medo de aprender um novo idioma ............. 146
Três coisas ruins para evitar x
Três coisas boas como prêmio ................................................... 152
Ferramenta para tomada de decisões: ganhos e perdas ........ 154

Como perpetuar coisas boas na sua vida?..........................158

**Capítulo 5**
**O QUE PODEMOS APRENDER COM O COACHING PARA ATLETAS**..............162
Como superar derrotas................................................164
Como lidar com o desânimo........................................165
Receba menos instruções e aprenda mais....................168
Como lidar com críticas da equipe técnica e treinadores.....172
Como aceitar uma competição em cima da hora....................174
Como superar provocações........................................177

**Capítulo 6**
**TURBINE SUA CAPACIDADE DE REALIZAÇÃO**..............................179
Exercício para romper o ciclo de paralisação pela ansiedade e pela indisciplina..............184
Os segredos da disciplina inabalável................................186
Aliados da disciplina........................................................196

**Palavras finais**..............................................................201

**Referências bibliográficas**..........................................205

# AGRADECIMENTOS

À Priscila Andrade, minha professora da Alegria de Viver, que me ensinou na prática que eu mereço muito mais da vida!

À minha família, que levo no coração aonde quer que eu vá: pai, mãe, Fabrício e Felício. Eles me ensinaram muito mais do que eu consigo compreender, e até hoje me inspiram para uma vida melhor e mais feliz.

À família SouGenius, que compartilha comigo diariamente o sonho de transformar vidas: Dalva Eliza, Mariana Torres, Lucas Agannet, Joice Bomfim, Lizi Bizi.

Aos amigos Frank e Dalva, que se tornaram parte da família com que Deus me presenteou e que me permitiram ter a alegria de compartilhar os melhores dias da minha vida.

Aos queridos Bruno Gimenes e Patrícia Cândido, e todo time da Luz da Serra, a quem agradeço imensamente pelo carinho.

Ao irmão mais velho que Deus me deu de presente, William Douglas. Se eu fosse agradecer o tanto de gratidão que o William merece, teria que escrever um livro só para isso.

Também gostaria de agradecer e reconhecer o valor de cada uma das milhares de pessoas que me deram a honra e a alegria de poder conduzir um processo de coaching e mentoria para ajudá-las a promover mudanças de vida. Cada sessão foi fundamental para o aprimoramento e a comprovação da eficiência de cada um dos métodos aqui abordados. A todos que me deram a honra de uma sessão de coaching, o meu muito obrigado! Sem vocês eu não teria a oportunidade de aprender tanto sobre a vida e sobre o viver.

Muito do que escrevi neste livro tem uma forte inspiração nos ensinamentos que tive a honra e a alegria de receber do alemão Bernd Isert (in memoriam) e do americano Robert Dilts (http://www.nlpu.com). Se tivesse que citar seus nomes cada vez que comento sobre um conteúdo que aprendi com eles, ou que fui inspirado por eles, os escreveria em cada página deste livro. Tudo que está aqui foi aprendido com os dois, deriva de algo que desenvolvi com o que aprendi com eles ou, no mínimo, há uma forte influência deles. Portanto, agradeço pela oportunidade de ter sido aprendiz de ambos.

# PREFÁCIO

Quantas vezes você desistiu de algo sem nem mesmo ter começado?

Quantas oportunidades você perdeu por medo de dar errado, por medo de ser criticado ou por pura ansiedade?

Esses sentimentos são comuns e acompanham milhões de pessoas todos os dias – mas isso não quer dizer que isso seja normal, ou que seja saudável viver desse jeito. Muito pelo contrário: não podemos deixar nossos medos interferirem nos nossos sonhos. Somos seres ilimitados, infinitos em nossas capacidades e possibilidades. Não podemos nos limitar a ser o que dá para ser, temos que nos livrar da autossabotagem e sermos tudo que nascemos pra ser.

E é por isso que o livro que está em suas mãos agora é tão necessário. Meu amigo Felipe Lima já passou por poucas e boas nessa vida, mas ele jamais perdeu a sua essência: uma pessoa doce, bondosa, inteligente, extremamente gentil e com um dos corações mais puros que já vi na vida, além de um poder de transformação fora de série. Ele não só é gente boa, como ensina os outros a procurarem o bem em tudo o que fazem, por isso, conquista todos à sua volta. Sortudo é quem tem a oportunidade de conhecer um ser tão iluminado como o Felipe.

Esse meu irmão de caminhada vem ajudando milhares de pessoas a encontrarem seu propósito de vida, superarem seus medos e conquistarem seus maiores sonhos, tudo isso com seu método *Imunidade Emocional*, que você irá conhecer nas próximas páginas. Você terá acesso a um material extraordinário, que, se você aplicar corretamente, conforme os ensinamentos do Felipe, irá mudar a sua vida de uma vez por todas. Nesta obra, ele explica quais são os cinco recursos da imunidade emocional e como você pode praticá-los no dia a dia. Ele também fala sobre a construção da sua autoimagem e de que forma ela interfere em tudo na sua vida. Além disso, ele ensina o passo a passo para você controlar a ansiedade e se livrar de todos os medos que possa imaginar, como por exemplo falar em público ou gravar vídeos, dirigir, realizar provas e entrevistas de emprego, aprender um novo idioma e muitos outros. Ele ainda revela os segredos da disciplina inabalável e dá o passo a passo pra você turbinar sua capacidade de realização.

Então, se você está cansado de levar uma vida "mais ou menos", se você não aguenta mais ver seus sonhos escorrendo pelo ralo, ou se simplesmente não quer mais se sentir travado diante de uma situação difícil, mergulhe nessa leitura e aproveite cada um dos ensinamentos que o Felipe colocou nas próximas páginas. Faça isso por você.

Um forte abraço e brilha prosperidade!
Bruno Gimenes

# APRESENTAÇÃO

Este não é um livro para ser devorado em uma tacada só. Ele é uma viagem, um passeio pela sua vida. Em vários aspectos, vamos, eu e você, promover mudanças, aprimoramentos, minimizar ou eliminar o que é indesejado, criar um estilo de vida de um jeito bom que lhe faça bem. Talvez seja necessário reler algumas partes para que as ferramentas e práticas aqui descritas o ajudem a promover transformações de mindset (configuração mental) e, principalmente, de comportamentos, hábitos e ações. No fundo, não basta apenas saber algo, o que conta é colocar esse algo em prática.

Para transformar conhecimento em sabedoria, às vezes, precisamos de tempo, prática, tentativas, erros e acertos, observações e aprendizado. Viva este livro, experimente cada prática na qual, com todo o carinho do mundo, dediquei o meu melhor para descrever tudo aquilo que mudou minha vida e que tem ajudado milhares de pessoas a explorarem o seu potencial com maestria.

Muita gente vive uma vida infeliz, repleta de coisas que fazem mal, mas escassa de aspectos positivos. Ao escrever este livro, coloco aqui toda a minha intenção de que você tenha uma vida muito, muito, muito melhor, mais plena, com muito menos daquilo que o impede de viver plenamente em todas as áreas da sua existência e com muito mais daquilo que você precisa para viver de um jeito bom que lhe faça bem. Melhor dizendo, **de um jeito ótimo, cada vez melhor, que lhe faça maravilhosamente bem!** Estamos falando aqui de transformações internas e externas. Sucesso e felicidade. Base e crescimento. Que as raízes da sua árvore se aprofundem ainda mais para permitir que os seus galhos cheguem nas alturas, e que ela lhe dê ainda mais frutos.

A essa altura, você pode estar se perguntando quem é Felipe Lima. Eu sou professor universitário e de cursos de pós-graduação, especialista em Técnicas de Aprendizagem Acelerada aplicadas a conteúdos jurídicos desde 1999 e Master Coach sistêmico pelo Metaforum International Ltda., com certificações pela European Coaching Association (ECA), World Coaching Council (WCC) e International Association of Coaching Institutes (ICI). Além disso, costumo dar palestras sobre temas de superação e motivação para empresas e estudantes, e uma das minhas especialidades é ajudar meus alunos a alcançar sucesso em provas e concursos das mais diversas áreas, inclusive esportivas e jurídicas, como exames da OAB. Participei dos programas de TV *Mais Você*, com Ana Maria Braga (Rede Globo), e *Justus Mais*, com Roberto Justus (Rede Record), e fui finalista do programa *Os Incríveis*, do canal *National Geographic*.

Peço que leia este livro conversando comigo, e para fazermos essa leitura juntos, você pode me enviar e-mails para **suporte@sougenius.com.br**. Eu ficaria muito grato de receber uma mensagem sua sempre que você aprender algo interessante, que tiver algum insight que o faça entender melhor alguma coisa, ou quando descobrir algum método que o ajude a lidar com alguma adversidade ou superá-la. Suas dúvidas, dificuldades, críticas e sugestões de melhoria também são muito bem-vindas! Aprendi que não há perguntas idiotas, e sim idiotas que não fazem perguntas. Portanto, por favor, não ache que vai me incomodar com os seus e-mails, ok? Será uma grande alegria acompanhá-lo em sua jornada por este livro.

E fique tranquilo:

1. Tenho uma equipe bastante capacitada que vai me ajudar a ler e responder cada e-mail com bastante atenção e cuidado;
2. Você me fará a gentileza de escrever de forma objetiva e sucinta, tentando não exceder o limite de três linhas em cada e-mail;
3. Suas dúvidas, dificuldades e comemorações de avanços vão me ajudar a produzir novos conteúdos que poderão ser acessados no site imunidadeemocional.com.br, para que sempre tenhamos mais informações sobre as ferramentas e métodos aqui abordados;
4. Seus e-mails permanecerão em sigilo absoluto. Jamais divulgaremos qualquer conteúdo que você nos escreva, a menos que nos autorize expressamente. Vale observar que, para preservar a identidade e a privacidade dos meus coachees citados neste livro, tive o cuidado de omitir seus nomes.

Aprendi com um excelente mestre e professor de língua portuguesa, Paulo Bispo, que, ao lermos um livro, é como se pudéssemos pegar um pouco da cabeça do autor e colocá-la dentro da nossa. Na transmissão das ideias, estratégias e métodos deste livro, doo parte de mim para você, que me dá a honra de ler minhas palavras. Gentilmente, peço que cuide desse meu presente, pois, se tirar alguma lição boa desta obra, farei parte da sua vida, e você da minha.

## Juntos chegaremos mais longe

Sugiro que você leia este livro junto com alguém, pois essa viagem será melhor aproveitada com uma boa companhia. Nas melhores viagens que já fiz na vida, nunca estive sozinho. Já viajei muito pelo mundo, mas os melhores momentos de que me recordo em viagens foram as boas risadas, fotos e vídeos, momentos que levo na minha memória e que me fazem lembrar de pessoas queridas e dos momentos de alegria. Por isso, te convido a dividir a experiência de ler este livro com outra pessoa, seja ela próxima ou distante, da família ou do círculo de amigos, do trabalho ou dos estudos. Vocês só precisam ler os capítulos mais ou menos juntos, e eventualmente conversar um pouco sobre como está sendo essa viagem, essa experiência que proponho aqui.

Uma das melhores formas de começar, persistir e terminar algo na vida é fazer isso junto com alguém. Quando você se matricula em uma academia, por exemplo, ao fazê-lo junto com outra pessoa, as chances de persistir nos dias de treino são bem maiores. Experimente! Convide alguém para ler este livro junto com você. Vai valer muito a pena.

## Imunidade Emocional: o curso

Com o objetivo de contribuir com a sua transformação de vida, eu e a minha equipe criamos um curso avançado sobre a aplicação prática de ferramentas de mentoria e coaching. Lá, disponibilizamos conteúdos atualizados e cada vez mais desenvolvidos sobre a Imunidade Emocional e outras tantas ferramentas de Coaching. Se quiser conhecer essa plataforma, aponte a câmera do seu celular para o QR Code a seguir:

# COMO TUDO COMEÇOU

Houve uma fase na qual eu mantinha comigo uma carta de despedida, agradecendo e pedindo desculpas à minha família por não ter suportado a vergonha de ser um fracasso em todos os aspectos da vida. Eu estava com uma dívida grande no banco, todos os dias chegavam cartas e mais cartas informando que o meu nome estava sendo inserido no cadastro do SPC e do Serasa, a minha empresa ia de mal a pior, eu estava distante da família, dos amigos e, olhando ao redor, parecia não haver ninguém para me apoiar, pelo contrário, só me recomendavam que eu desistisse.

Eu havia desistido dos contratos de consultoria e auditoria para me dedicar às palestras e ao coaching. No começo dessa mudança de mercado, as coisas deram muito certo, mas não demorou muito para que tudo começasse a desmoronar.

Quando as coisas não vão bem, as pessoas têm o hábito de dizer: "Nada como um dia depois do outro". Mas a verdade é que quanto mais o tempo passava, mais as coisas pioravam na minha vida. Era só ladeira abaixo, um dia pior que o outro. Tudo o que poderia dar errado dava, e viver se tornou um fardo bastante pesado, desde a hora que eu acordava até o momento de dormir. Toda vez que o meu celular tocava, meu coração disparava, e vinha logo o pensamento de que poderia ser alguém me cobrando mais um cheque que voltou. Tirar um extrato no caixa eletrônico era um grande exercício de fé. Acredito que eu fazia mais orações na agência do banco do que as pessoas fazem nas igrejas.

Passei alguns meses sem ter dinheiro para comprar comida em casa, e começou a faltar o básico, como sabonetes para tomar banho. Antes de dormir, a fome apertava e eu tentava aliviar o incômodo na barriga e a fraqueza no corpo bebendo água da torneira, pois não tinha dinheiro nem para comprar um filtro ou água mineral.

O que piorava minha situação é que as pessoas haviam me alertado de que largar os contratos de consultoria e auditoria seria um erro, e que as coisas dariam errado com a carreira de palestras, aulas sobre técnicas de aprendizagem e coaching, que naquela época eu nem sabia que tinha esse nome. Quando decidi mudar de carreira e buscar aquilo que me realizaria profissionalmente, ninguém me apoiou, e hoje entendo que as pessoas não conseguiam enxergar os meus sonhos. Às vezes, só você vai conseguir perceber o valor dos seus sonhos, e se as pessoas interpretarem que você está indo para o mau caminho, para uma jornada que não valerá a pena, elas, por amor, vão tentar desviá-lo dessa estrada, vão brigar com você e por você.

Durante muito tempo, interpretei a falta de apoio ou a tentativa de me desviarem dos caminhos que escolhi como uma afronta, o que me deixou com raiva das pessoas que, além de não me apoiarem, tentavam me desanimar das minhas opções de carreira. Era como se fossem meus inimigos, mas, na verdade, só não concordavam, não acreditavam nos meus sonhos e tentavam me preservar de futuras frustrações. Eu tinha uma vida financeira confortável, carro, apartamento, viajava bastante na época das consultorias e auditorias, mas coloquei tudo isso em risco quando decidi mudar o rumo da minha vida profissional. Acredito que a escolha da transformação foi muito acertada, mas os erros que cometi ao longo do caminho cobraram um preço alto.

Financeiramente quebrado, passando fome, profissionalmente decepcionado e distante dos amigos e da família, a única saída que conseguia enxergar era desistir desse jogo chamado vida, no qual eu só sabia perder. Nada parecia funcionar. Naquele momento, nenhuma solução parecia possível.

Lembro-me de uma vez ir ao supermercado com apenas 100 reais no limite do cartão de crédito. Negativo na conta do banco, não tinha mais nem um centavo para pagar com débito. Fui colocando as compras no carrinho e somando com cuidado os valores no celular para não extrapolar os 100 reais. A sensação de ter que escolher entre colocar ou não no carrinho coisas essenciais foi deprimente. Itens que a vida toda eu nem olhei o preço, naquele momento, não podia comprar. Cada item que devolvia à prateleira após fazer as contas era como um carimbo de incompetência.

Quando cheguei ao caixa, o cartão não passou, e tive que ir tirando os itens pouco a pouco até chegar a um valor que o cartão autorizasse. Aquela compra era muito menos que o básico, e a cada item que eu desistia, martelava na minha cabeça um misto de raiva, culpa e vergonha. Sem dúvida, aquela foi a situação mais humilhante da minha vida. O dinheiro tinha ido embora, e junto com ele foi-se o meu sentimento de dignidade.

Empurrando o carrinho para a saída do supermercado, não consegui segurar as lágrimas e fiz uma oração: *Senhor, por favor, acenda uma luz aqui, está muito escuro, eu não vejo saída dessa situação. Vou desistir!* Naquele momento, não havia ninguém por perto, mas escutei uma voz falando claramente nos meus ouvidos: "Baixe a cabeça e confie". Se não foi Deus falando comigo, então Ele mandou um dos seus anjos. Instintivamente, eu abaixei a cabeça, e no chão havia um panfleto de uma palestra com William

Douglas, o guru dos concursos, autor do livro *Como passar em provas e concursos*. Todo o meu trabalho e muito da minha vida têm forte inspiração no trabalho dele, e assistir a uma palestra sua seria como um fã ter a oportunidade de ir a um show dos Beatles.

No dia da palestra, a mesma voz do dia anterior insistiu nos meus ouvidos: "Vá à palestra!" Eu nem tinha dinheiro para pagar o ingresso, mas encontrei um amigo que trabalhava na recepção do evento, e ele me deixou entrar. Quando vi o William, fiquei sem ação. Parecia que estava diante de um fantasma. Ao final da palestra, esperei até que todas as pessoas fossem cumprimentá-lo e, quando só havia nós dois, tomei fôlego, e em uma única respiração, me apresentei e o convidei para escrever um livro junto comigo. Mostrei o meu folder, ele analisou o material e me disse que sim, mas que antes gostaria de almoçar comigo, e me deu um tapinha nas costas.

Fiquei em choque pelas notícias positivas, mas morto de medo por não ter um real para pagar a conta do almoço. Chegando ao restaurante, tentei me esconder do garçom para não ter que pedir nada e, consequentemente, não pagar. Um almoço a mais ou a menos não faria tanta diferença depois dos meses que vinha passando fome. As pessoas da mesa educadamente insistiram para que eu pedisse alguma coisa, então eu cedi.

Almoçamos juntos, com a presença de duas pessoas maravilhosas, que hoje são grandes amigos, Paulo Nicholas e Fernanda Marinela. Conversamos sobre a vida e o possível livro em coautoria, mas a hora de pagar a conta se aproximava. Eu estava em pânico quando o garçom veio de longe em minha direção e colocou a conta na minha frente. Parece que todo garçom recebe um treinamento secreto para escolher a pessoa com a menor conta bancária na mesa para entregar a conta. Dei um tapa na mesa para pegar a conta, fazendo um barulho para chamar a atenção de quem pudesse me salvar daquela enrascada, fiquei de pé, arrastando a cadeira para pegar a carteira — mais vazia, impossível — e o Paulo Nicholas me salvou: "Deixa que eu pago!" Sem nem piscar os olhos, eu passei a conta pra ele e agradeci profundamente a Deus.

O tempo passou, escrevi com William o livro *Mapas mentais e memorização para provas e concursos*, fui morar em São Paulo, e tudo mudou. Vendemos mais de mil cópias do livro em um único dia, depois da aula que ministrei na Rede LFG, onde fui coach por oito anos. Viajei o Brasil todo e atualmente somos um público superior a 2 milhões de pessoas em minhas palestras, inclusive na Europa e nos Estados Unidos.

Quando lançamos a segunda edição do livro *Mapas mentais e memorização para provas e concursos*, que atualmente já está na quinta edição, fui à editora e, depois de uma reunião com a equipe, o William, que hoje tenho a honra de chamar de amigo e considerar como um irmão mais velho, novamente me convidou para almoçar e me deu um toque no ombro, no mesmo lugar onde ele batera depois daquela primeira palestra. As lágrimas de emoção rolaram no rosto por perceber um momento tão semelhante, mas em condições tão diferentes. Eu respondi que sim, mas que quem pagaria aquela conta seria eu. Até aquele instante, o William não imaginava que, quando ele me conheceu na sua palestra em Maceió, eu carregava uma carta de suicídio no bolso, passando fome há meses e pronto para desistir da vida.

Todos os dias da minha vida, eu tomo um susto quando olho para onde estou e me lembro de onde vim e de tudo o que superei para chegar até aqui. Aprendi a sonhar alto e a realizar mais alto ainda. Propositadamente, deixo de forma bem visível algumas evidências de minha história de vida para que eu mesmo esbarre nelas vez ou outra. Esse exercício funciona como âncora, me ajuda a manter em mente algo muito mais importante do que as minhas conquistas na vida: quem eu estou me tornando nessa jornada.

*Vejo as pessoas vivendo uma vida no piloto automático, sem terem a mínima noção do tanto que elas estão perdendo e do tanto que elas poderiam ser, ter e fazer.*

Quando as pessoas me contratam como coach, elas têm uma noção do que gostariam de mudar em suas vidas, dos hábitos que gostariam de eliminar, de comportamentos indesejados, das dificuldades mais evidentes, dos sintomas mais claros de que alguma coisa não está funcionando da melhor forma.

Acho engraçado, porém, que elas nem imaginem as suas possibilidades e as transformações que estão por vir. Por isso, quando começam a aplicar os recursos da Imunidade Emocional, a expressão de surpresa é evidente, assim como os comentários: "Eu não imaginava que *isso* era a real causa dos meus problemas, do que me limitava na vida, e muito menos que eu aprenderia a lidar e a superar *isso* de forma tão rápida".

***As pessoas normalmente não têm a mínima noção das mudanças que podem promover em suas vidas e no modo como vivem.***

Alguns enfrentam uma guerra interna, cheia de ansiedade, promovendo um desperdício de energia física e mental. Outros vivem em uma prisão dentro das suas próprias mentes e experimentam uma vida medíocre em vários aspectos. Quando essas pessoas encontram o botão interno de cessar-fogo ou a chave que abre a cela, que, de uma forma ou de outra, elas mesmas criaram, o suspiro de alívio é incontestável.

É como se a pessoa estivesse vivendo há tanto tempo em uma prisão que nem consegue imaginar viver fora dela. É como se fosse normal viver com alto nível de ansiedade, sem foco, estratégia ou disciplina para transformar os seus sonhos em realidade.

É como se estivesse tão acostumada com o mediano, às vezes até com o medíocre, que nem imagina como seria o ótimo.

Esse livro é sobre isso: promover o alinhamento interno, realizar os encaixes necessários dentro de si mesmo, para que as coisas aconteçam maravilhosamente bem na sua vida aqui fora, tirando-o da zona de conforto e ajudando-o a alcançar a sua excelência.

Esta obra é a resposta para as perguntas:

1. **Como você supera desafios?**
2. **Como você conseguiu vencer os obstáculos e desenvolver uma capacidade de realização muito superior a qualquer sonho que ousou sonhar?**

Ter vivido momentos de extrema dificuldade me trouxe aprendizados preciosos. Compartilho aqui várias das estratégias e ferramentas de coaching que me ajudaram a vencer as dificuldades e, principalmente, deixar de ser o meu pior inimigo e transformar-me em meu maior aliado. Em cada página deste livro, você vai encontrar aprendizados que me trouxeram grandes benefícios e me livraram de imensos prejuízos — um deles poderia ter me custado a própria vida.

Hoje, percebo que em cada momento de escuridão pude aprender a importância de manter acesa a luz que carrego em mim. Nesta obra, compartilho parte desta luz que Deus me proporciona todos os dias.

Felipe Lima

# CAPÍTULO I

# IMUNIDADE EMOCIONAL

Imagine que você vá fazer um check-up completo na sua saúde, e o médico prescreva uma bateria de exames. Você precisa cuidar para que as suas taxas estejam equilibradas, dentro da faixa ideal para uma ótima saúde. Elas não podem estar nem altas nem baixas. Isso acontece com a glicose, os triglicerídeos, o colesterol e até com a pressão arterial, por exemplo.

Assim como ocorre com o corpo a respeito da imunidade física, nós também temos uma Imunidade Emocional, e quando algum aspecto está fora do equilíbrio, de níveis considerados saudáveis, sofremos de alguma forma.

É necessário monitorar constantemente os índices daquilo que nos faz bem, e, em paralelo, também monitorar aquilo que não está alinhado.

Então, para começar, vamos fazer um exame na sua Imunidade Emocional. Faça-se um grande favor e não deixe isso para depois. Esse exercício é muito rápido, prático, e se você criar o hábito de fazê-lo uma vez por semana, muita coisa vai mudar para melhor na sua vida.

Atribua subjetivamente uma nota de zero a dez para cada item a seguir. Essa nota deve refletir o quanto você sofre com esse item. Quanto maior a nota, pior esse aspecto está na sua vida. Por exemplo, o medo. Esse é um aspecto que nos trava, que reduz a nossa autoconfiança e nos apequena diante dos desafios. Por medo, muitas pessoas deixam de tentar e fogem daquilo que traz uma situação incômoda, que testa a sua competência. Se você domina bem os seus medos, atribua uma nota baixa para esse item; se você sofre com os seus medos e percebe que eles o incomodam e impedem de ser melhor, atribua uma nota alta.

Data da avaliação: _____/_____/_____

▶ Medo: ........................................................................................

▶ Culpa: .......................................................................................

▶ Raiva: .......................................................................................

▶ Cobranças internas: ...........................................................

▶ Cobranças externas: ..........................................................

▶ Insegurança: ..........................................................................

▶ Impaciência: ..........................................................................

▶ Perfeccionismo: ...................................................................

▶ Preocupações (sofrer por antecedência): ....................

▶ Ansiedade (de forma geral): .............................................

▶ Baixa autoestima: ................................................................

▶ Comparação com outras pessoas: .................................

Agora, faça a mesma avaliação para os aspectos que são benéficos à sua Imunidade Emocional. Quanto maior a nota, melhor o item. Por exemplo, a fé. Este é um item muito importante na sua forma de viver. Em um coração cheio de fé, não há espaço para o medo. Fé é acreditar no que não se vê e manter-se firme e confiante ainda que tudo dê errado; é enfrentar o impossível com a certeza de que você vai parar depois que der certo. Fé é superar qualquer dúvida com a certeza de que vai dar certo. Pode-se perceber o tamanho e a força da fé de alguém justamente quando as coisas dão errado. Qualquer um tem fé quando as coisas estão dando certo. A fé deve se manifestar diante das dificuldades, e se fortalecer diante das impossibilidades.

▶ Fé: ........................................................................

▶ Paciência (cada coisa no seu tempo): ................

▶ Paz de espírito: ...................................................

▶ Calma: ..................................................................

▶ Tranquilidade: .....................................................

▶ Autoconfiança: ....................................................

▶ Autojulgamento positivo (capacidade de aprender com os seus erros sem culpa excessiva): ..............

▶ Autovalorização (capacidade de se valorizar e valorizar as suas ações rumo à realização dos seus objetivos): ...................................................................

▶ Força de vontade: ...............................................

▶ Alegria de viver: ..................................................

▶ Gratidão (capacidade de reconhecer os aspectos positivos da sua vida): ............................................

▶ Gentileza: ............................................................

▶ Perdão pelos seus erros: ....................................

▶ Perdão pelos erros dos outros: .........................

Você pode criar o hábito de checar de forma rápida como esses níveis estão diariamente, tanto os positivos quanto os negativos, e agir para nivelá-los, no caso dos positivos, e eliminá-los, no caso dos negativos. No começo, pode parecer complicado ou demorado, mas quando pegar a prática, será capaz de identificar rapidamente suas sensações, quais itens não estão lhe fazendo bem e quais precisam ser melhorados para restaurar a sua imunidade, o seu bem-estar emocional.

## OS CINCO RECURSOS DA IMUNIDADE EMOCIONAL

Os cinco recursos da Imunidade Emocional são: **fé, paciência, paz interior, autovalorização e gentileza**. Eles precisam ser trabalhados continuamente, como um jardim, e funcionam como o desenvolvimento da musculatura física. Se você for à academia às vezes, dificilmente terá bons resultados. É preciso refinar o uso e a aplicação de cada um desses recursos em cada área de sua vida e em diferentes situações.

Eles são básicos para que possamos nos manter bem diante dos desafios da vida e agir da melhor forma, dominando os nossos pensamentos e sentimentos sem permitir que eles nos dominem.

Eles funcionam como cinco forças, como os cinco golpes centrais da sua arte marcial favorita, aqueles que precisamos aprender para que sejamos bons lutadores nessa batalha que é travada todos os dias em nossas mentes. E como em uma arte marcial, os golpes precisam ser treinados exaustivamente até que se tornem movimentos automáticos, até o ponto em que você nem precise pensar para usá-los.

Se um faixa-preta em uma arte marcial for agredido, ele vai reagir usando seus golpes e habilidades sem nem pensar. É como dirigir: no começo, é algo desafiador, muita gente demora anos para conseguir manter o controle emocional e tirar a carteira de motorista. Mas, depois de algum tempo, nem nos damos conta das nossas ações ao volante. Tudo flui de modo natural, espontâneo e inconsciente.

É necessário treinar o uso e a aplicação específica dos cinco recursos da Imunidade Emocional em todas as situações da sua vida, desde aprender a lidar com raiva, medo, culpa, cobrança, insegurança, desmotivação, tristeza, impaciência e falta de autoconfiança, até os momentos que julgamos mais benéficos e acalentadores, como quando somos elogiados, ganhamos presentes etc.

## FÉ

O que está relacionado à **FÉ**:

▲ **Entusiasmo**

▲ **Confiança**

▲ **Coragem**

▲ **Força**

▲ **Gratidão**

▲ **Proteção**

▲ **Calma**

▲ **Energia**

▲ **Credibilidade**

▲ **Sonho**

▲ **Propósito**

O que está relacionado à **FALTA DE FÉ**:

▼ Medo

▼ Angústia

▼ Culpa

▼ Pessimismo

▼ Desistência

▼ Dúvida

▼ Solidão

▼ Confusão

▼ Desânimo

▼ Fraqueza

▼ Raiva

A fé não está ligada apenas a uma questão espiritual. Alguns acreditam que há uma energia que rege o universo; outros, que Deus é essa força maior. Independente da sua crença, é preciso cuidar da sua fé, fortalecê-la e usá-la a seu favor.

Ter fé é acreditar que é possível fazer as coisas acontecerem na sua vida. É a certeza de que você vai tentar, tentar e tentar mais uma vez até conseguir. É definir a sua realização como um destino inevitável.

*Fé é acreditar no que não se vê e confiar que será capaz de encontrar os caminhos e maneiras para fazer dar certo até dar certo.*

Ao estudar a fé, tive o entendimento de que os cinco recursos da Imunidade Emocional funcionam como livros: não basta ter uma estante cheia de livros se você não souber ler, ou se não se interessar por eles. E usar a fé faz toda a diferença! Tenho amigos que vão à igreja toda semana, mas que se desesperam quando os desafios e dificuldades da vida batem à porta. Há quem se diga uma pessoa de fé, mas, diante das tempestades da vida, deixa se invadir pelo desespero, desânimo, medo e insegurança. Nesse caso, a fé passa a ser um livro guardado na estante.

A fé talvez seja o recurso mais poderoso da Imunidade Emocional, pois vai além de acreditar, confiar e perceber uma força maior. A fé nos permite relaxar e viver de modo leve, colocando nossa vida nas mãos de nossas crenças. Quando perdemos a fé, nada mais vale a pena. Quando deixamos de acreditar que o preço que estamos pagando para realizar nossos sonhos vai nos trazer os resultados esperados, vem o desânimo, e com sua chegada, vão-se embora a disciplina, a disposição e a energia, tanto física quanto mental.

Portanto, alimente seus sonhos, realize suas tarefas e confie na providência divina: tudo acontecerá da melhor forma e no momento certo. As coisas sempre dão certo ou errado do jeito certo, na hora certa. Certa vez, ouvi de um amigo: "Fique tranquilo, nada está sob controle". No fim das contas, pelo menos de acordo com a minha fé, tudo está nas mãos de Deus. E com a coragem de quem pula de *bungee jump* de uma altura absurda, preso apenas pelos pés, confio a minha vida nas mãos Dele.

A fé pode ser mensurada de acordo com o seu nível de confiança para realizar um determinado objetivo, com o seu entusiasmo para superar as dificuldades e alcançar metas. Talvez a sua fé esteja forte para alguns aspectos, mas precise ser fortalecida para outros. É justamente por isso que tanto a fé como os outros recursos precisam ser praticados diariamente, exercitados continuamente em cada situação específica da sua vida.

De certa forma, a fé também está ligada à sua autoimagem. Quando não nos sentimos capazes e competentes para ter sucesso em uma jornada da vida, por julgar que as dificuldades são maiores que a nossas habilidades e conhecimentos para superá-las, a nossa fé, a capacidade de acreditar, fica abalada.

Por isso, aprendi a confiar em mim mesmo, na vida e em Deus, e como consequência, sempre sonhei alto. Em um coração cheio de fé, não há espaço para medo ou insegurança, pois um dos aspectos da fé é a capacidade de fortalecer o desejo pelos nossos sonhos, a força de vontade necessária para transformar a motivação em ação e fazer as coisas acontecerem na vida, porque, ainda que haja a crença em uma força externa, como Deus ou o universo, se você não acreditar em si mesmo, e ainda que essa fonte de fé externa intervenha em seu favor, os seus níveis de fé, confiança, entusiasmo, e até motivação, tenderão a ser reduzidos.

O uso da fé com maestria promove um equilíbrio inabalável e nos permite manter a calma diante de situações desfavoráveis.

## A NOSSA FÉ NÃO PODE DEPENDER DAS CIRCUNSTÂNCIAS.

É justamente quando tudo parece dar errado e as pessoas não estão por perto para nos apoiar que precisamos fazer uso da nossa fé. Ela é a esperança que não precisa de fundamento. A força que nos permite persistir quando temos motivos de sobra para jogar a toalha. É a fortaleza que nos abriga, o escudo que nos protege diante das ameaças. Certamente, a sua fé não vai impedir que as coisas deem errado, mas ela vai ajudá-lo a se reerguer e a se manter nas batalhas da vida.

Nesse percurso, tenho alguns modelos de fé com os quais aprendo todos os dias a fortalecer esse recurso tão importante. O primeiro deles é Deus, com quem, logo quando acordo, imagino diariamente uma caminhada na praia; ouço as ondas do mar enquanto sinto a areia fina sob meus pés. Esse encontro é construído com tanta riqueza de detalhes que posso sentir o pano da roupa de Deus quando ganho seu abraço nessa caminhada. Visualizo a cor da fé saindo de suas mãos e, usando a minha respiração, sintonizo a minha energia com a Dele. Enquanto visualizo a cor da fé se espalhando pelos meus braços e pernas, dou as boas-vindas, em voz alta, para esse recurso: *seja bem-vinda, fé!* Por fim, imagino o que Deus me diria naquele momento da minha vida.

Outro modelo poderoso de fé é um grande amigo, um irmão mais velho que a vida me deu de presente, William Douglas. Há dias em que preciso me conectar com um tipo de fé mais humano, e é fantástico imaginar que William me transmite essa fé. Na obra *Como passar em provas e concursos*, ele fala bastante da sua fé e como a utiliza em sua vida. Sempre que me encontro com ele, sinto a presença forte de Deus. Realizo esse encontro mental diariamente, e dele recebo uma aula de fé, que fortalece a presença e a autoridade de Deus na minha vida e nas minhas ações.

Talvez você não esteja familiarizado com essa prática, e só vá perceber a eficiência desse método quando praticá-lo, então fique tranquilo: é exatamente isso que vamos fazer ao longo desta leitura.

Fé é acreditar no que não se vê e confiar que será capaz de encontrar os caminhos e maneiras para fazer dar certo até dar certo.

@lima.felipe

## PACIÊNCIA

O que está relacionado à **PACIÊNCIA**:

▲ Espera

▲ Persistência

▲ Tolerância

▲ Tempo certo

▲ Expectativas

▲ Foco

O que está relacionado à **FALTA DE PACIÊNCIA**:

▼ Pressa

▼ Pressão

▼ Intolerância

▼ Atraso

▼ Comparações

▼ Insegurança

▼ Cobrança

▼ Perfeccionismo

Diante dos insucessos, a paciência é um item fundamental, mas que geralmente está em falta para a maioria das pessoas. Esse recurso é o entendimento de que cada coisa tem seu tempo: tempo de plantar, de cuidar e de colher. A paciência nos ajuda a manter a calma quando as pessoas discordam das nossas opiniões, fortalece a tolerância em relação às diferenças quando recebemos críticas ou quando os outros não entendem a nossa situação e o valor dos nossos sonhos. Mas não confunda paciência com passividade, com deixar o tempo passar. Dois excelentes exemplos de paciência são Buda e o Papa Francisco.

A paciência é um dos recursos que a sociedade precisa fortalecer de forma generalizada. As pessoas têm pressa para viver e obter resultados, o famoso imediatismo. Há milionários muito jovens em várias áreas: nos esportes, nas redes sociais e até no empreendedorismo, o que faz com que as demais pessoas alimentem altas expectativas em relação ao seu próprio sucesso. Muitos acreditam que o alcançarão logo na primeira tentativa, e quando isso não acontece, acabam se frustrando e desanimando, sem persistir na busca das suas realizações.

Certa vez, escutei a seguinte frase de uma coachee: "Eu não posso errar, eu não tenho mais idade para perder tempo". O detalhe é que ela tinha apenas 21 anos e já se achava velha, atrasada. Essa percepção de atraso é fruto das comparações que as pessoas criam entre si e os outros. Por exemplo: muita gente chega na academia e se sente mal por perceber que há outras pessoas mais magras ou mais definidas. Se você já correu ao ar livre em algum momento da sua vida, como na orla ou no parque, deve ter sentido aquela pontinha de comparação quando foi ultrapassado por outro corredor. Perceba que vocês não estavam competindo, aquela corrida não valia uma medalha, mas o sentimento de comparação foi despertado. Essa pressa em gerar resultados após se comparar com terceiros é bem comum. E isso vale para a vida profissional, para os estudos, relacionamentos, viagens, enfim: basta perceber que alguém está à sua frente, e esse sentimento é despertado.

Assim, as pessoas desistem das suas ações pela falta de paciência. É como se você estivesse descendo uma escada e tropeçasse em um dos degraus. Percebendo a queda, você se joga e capota até o final da escada. Às vezes, algumas poucas coisas dão errado, mas, por falta de paciência, as pessoas desistem de tudo. Se comeu algo fora da dieta em algum momento do dia, isso não significa que precisa sair da dieta o dia todo.

*"Não é só bater na porta certa, mas bater até abrir."*

Guy Falks

Junto a isso, existe a cobrança interna excessiva, esse sentimento de dívida e de atraso, gerando, com o tempo, a sensação de que aquele objetivo nunca vai ser alcançado. Deixamos de plantar por não perceber a colheita surgir, quando, na verdade, a plantação ainda está aprofundando as raízes para poder crescer.

Pela impaciência, as pessoas já acordam e pulam da cama com o sentimento de atraso, e passam o dia correndo contra o relógio. É preciso fazer uso da paciência para que a vida seja vivida no presente, para viver o agora e perceber as nossas ações enquanto as executamos. Escuto de alguns coachees que, enquanto estão tomando banho, por exemplo, não se lembram se lavaram um braço ou não, se já passaram o xampu ou não. Ou seja, eles não estão de fato presentes nesse momento que deveria ser só deles.

A paciência está bastante ligada ao controle das expectativas. Quanto mais dedicamos tempo e energia na busca da realização dos nossos objetivos, maiores são as expectativas sobre os resultados e até sobre o tempo de obtenção do sucesso. É natural esperar receber mais quando estamos pagando mais por algo. O grande desafio é conseguir manter um realizador interno forte, disciplinado, focado, confiando que o resultado virá no tempo certo, do jeito certo. Um excelente domínio da paciência vai ajudá-lo a controlar as suas expectativas, e principalmente a manter o foco nas suas ações estratégicas sem aquela angústia de pensar quando as coisas vão dar certo.

Muita gente se culpa excessivamente pelo tempo passado sem ter conseguido conquistar seus objetivos. É como se o relógio e o calendário fossem dois inimigos. Desse modo, quanto mais o tempo passa, mais as pessoas se sentem incompetentes e frustradas, e mais se julgam negativamente. Em vez de interpretar o tempo investido no sucesso de determinada ação com o orgulho da persistência, geralmente interpretam essa "demora" com o pesar da culpa, do autojulgamento rígido, da cobrança interna excessiva, com o sentimento de incapacidade e incompetência. A impaciência traz uma intolerância ao erro, o que prejudica a gentileza, a paz de espírito e a autovalorização.

Por isso, como todos os recursos da Imunidade Emocional, a paciência precisa ser exercitada diariamente, atentando para as oportunidades de desenvolvê-la. Por isso, tente identificar e registrar no espaço a seguir quais são os aspectos que afetam a sua paciência, quais são as pessoas que conseguem de alguma forma abalar esse recurso em você. Em quais situações manter a paciência é um desafio? Reconhecendo esses aspectos, você pode se concentrar em superá-los um a um, desenvolvendo a paciência de forma consciente e inconsciente, de acordo com o que você aprenderá nesta obra.

.................................................................................................................
.................................................................................................................
.................................................................................................................
.................................................................................................................
.................................................................................................................
.................................................................................................................
.................................................................................................................

## PAZ INTERIOR

Aspectos relacionados à **PAZ INTERIOR**:

▲ Equilíbrio

▲ Blindagem

▲ Imunidade

▲ Proteção

▲ Calma

▲ Seletividade

▲ Guerra em paz

▲ Escudo

Aspectos relacionados à **FALTA DE PAZ INTERIOR**:

- ▼ Ofensa
- ▼ Irritação
- ▼ Raiva
- ▼ Angústia
- ▼ Desequilíbrio
- ▼ Medo
- ▼ Desvalorização

*Paz de espírito ou paz interior, como preferir, é um recurso fundamental para que possamos manter o equilíbrio interno e não permitir que absolutamente nada ou ninguém nos tire a tranquilidade e a calma.*

Gosto de pensar sobre os meus modelos de paz interior como pessoas de ação que conseguem se manter tranquilas diante dos desafios. Um modelo forte de paz interior é o rei Leônidas de Esparta, do filme *300*. Alguém que consegue viver uma guerra se mantendo tranquilo tem muita paz de espírito. Outros bons modelos são o velocista Usain Bolt e o lutador de MMA Anderson "The Spider" Silva. Ambos são pessoas sorridentes e que conseguem manter a tranquilidade diante dos seus desafios.

A paz de espírito funciona como um campo de força que o blinda daquilo que não lhe faz bem. É como se construísse uma portaria e o porteiro só deixasse entrar aquilo que lhe agrega. Você pode até receber críticas pesadas, mas manter a opinião alheia lá fora é manter-se em paz. Um dos meus modelos de fé me ensinou a gostar das críticas destrutivas, simplesmente porque elas são as mais sinceras e não vêm floreadas com a gentileza das críticas construtivas. Com uma paz interior inabalável, não há crítica que nos derrube, nem a das pessoas que mais amamos. Receber críticas da família, dos pais, namorado(a) ou cônjuge e manter a paz interior é um grande desafio, mas quando você aprende a lidar com a crítica deles, que têm a chave do seu coração, você desenvolve uma imunidade sobre as críticas de qualquer outra pessoa do mundo.

## *Aquilo que acontece externamente não pode afetá-lo internamente.*

Quando esse abalo acontece, minimizamos as nossas chances de lidar com as situações de crise e limitamos a nossa performance. O mundo pode cair lá fora, as coisas podem dar errado da pior forma possível, mas você precisa cuidar da sua paz para manter o coração calmo e a mente focada em encontrar as soluções.

Uma coisa é você estar em meio a uma grande crise, outra coisa é quando a crise entra em você, quando a pressão, o desânimo, o desespero e a falta de esperança tomam o controle dos seus pensamentos e limitam as suas ações. Enquanto os problemas da vida estiverem somente lá fora, você terá muito mais chances de lidar com eles e superá-los.

Paz de espírito ou paz interior, como preferir, é um recurso fundamental para que possamos manter o equilíbrio interno e não permitir que absolutamente nada ou ninguém nos tire a tranquilidade e a calma.

@lima.felipe

**A partir do momento que eles entram aí dentro (na sua mente), eles tiram o seu sono, roubam a sua concentração e levam embora a sua paz interior; a guerra passa a ser aí dentro, e não mais lá fora.**

# AUTOVALORIZAÇÃO

Aspectos relacionados à **AUTOVALORIZAÇÃO**:

- ▲ Ações
- ▲ História
- ▲ Quem sou
- ▲ Quem fui
- ▲ Quem serei
- ▲ Autojulgamento
- ▲ Imunidade

Aspectos relacionados à **FALTA DE AUTOVALORIZAÇÃO:**

- ▼ Insegurança
- ▼ Baixa Autoestima
- ▼ Julgamento alheio
- ▼ Medo
- ▼ Incapacidade
- ▼ Incompetência
- ▼ Comparações
- ▼ Inferioridade
- ▼ Timidez

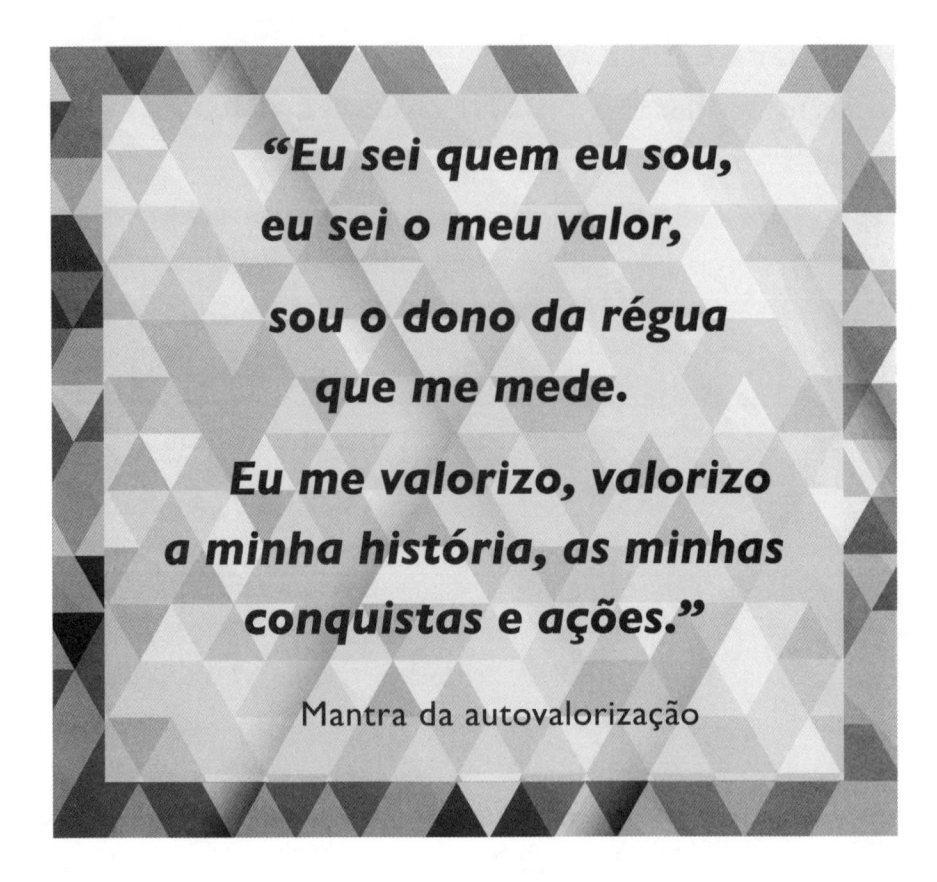

> *"Eu sei quem eu sou, eu sei o meu valor, sou o dono da régua que me mede.*
>
> *Eu me valorizo, valorizo a minha história, as minhas conquistas e ações."*
>
> Mantra da autovalorização

A autovalorização é a ação de valorizar a sua história de vida e em quem você se transformou para chegar até aqui. Ela é o exercício de perceber quem somos, quem fomos e quem seremos. É o ato de pegar as medalhas que ficaram no chão pelas glórias do passado e sentir o merecimento de cada uma delas, a alegria da conquista, o prazer do mérito pelas suas realizações.

Você não é perfeito, ninguém é, mas pode ser cada vez melhor, pode valorizar os seus acertos, aprender com os seus erros com gentileza e evoluir deixando o passado para trás.

Quando nos esquecemos de quem somos e do que já realizamos e superamos na vida, nos sentimos pequenos diante dos desafios. A autovalorização não é a arrogância, muito menos a soberba de nos acharmos melhores do que as outras pessoas, e sim a mensuração do nosso real valor.

Quando você sabe o seu valor, passa a olhar para os desafios da maratona da vida com muito mais tranquilidade por confiar na sua capacidade, por perceber que as suas conquistas e superações do passado atestam a sua competência.

A opinião alheia, o julgamento das outras pessoas e as críticas abalam as pessoas que não têm o recurso da autovalorização bem desenvolvido. Enquanto você não souber o seu valor, vai se preocupar com o que as pessoas pensam sobre você, e muito provavelmente moldará a sua vida, os seus comportamentos e até as suas escolhas com base em um possível julgamento alheio.

A autovalorização é uma ação fundamental, um hábito extremamente necessário para que a sua autoimagem seja fortalecida de forma coerente e equilibrada. Posteriormente, vamos explorar com mais profundidade a autoimagem, esse aspecto básico e tão importante para uma vida mais leve e com mais energia para as realizações.

A autovalorização é parecida com o valor de um bem material, um carro, por exemplo. Digamos que você esteja vendendo seu carro, que um especialista avaliou em 100 mil reais. Quando você anuncia o carro, aparece um comprador oferecendo 30 mil reais. Supondo que você não esteja desesperado para fazer dinheiro, você venderia o carro por esse valor? É claro que não! Então, se você não permite que julguem negativamente o seu carro, que o desvalorizem, por que permitiria que alguém fizesse isso com você? Ou pior, por que você mesmo se desvalorizaria, se julgando de forma rígida, se culpando pelos seus erros, se achando um incompetente, se sentindo inferior pelos seus insucessos, que são muito menores que as conquistas?

## GENTILEZA

Aspectos relacionados à **GENTILEZA**:

▲ Tolerância

▲ Compaixão

▲ Cada um dá o que tem

▲ Perdão

▲ Humanidade

▲ Generosidade

Aspectos relacionados à **FALTA DE GENTILEZA**:

▼ Culpa

▼ Dureza

▼ Rigidez

▼ Intolerância

▼ Rancor

▼ Perfeccionismo

▼ Cobrança excessiva

▼ Foco no erro

▼ Insistência no passado

Eu não sou perfeito, ninguém é, mas posso aprender com os meus erros com gentileza e evoluir deixando o passado no passado!

A gentileza é o amor colocado em prática, é a capacidade de perceber a humanidade em nós mesmos e nas outras pessoas. A gentileza nos permite olhar para os outros lembrando-nos de que eles são falíveis, imperfeitos — assim como nós — e nos impede de julgar suas ações. Cada um é o melhor que pode ser, e a gentileza nos permite olhar para as pessoas enxergando suas razões, crenças e valores.

Quando julgamos os outros, normalmente fazemos isso pela nossa própria régua. Quando perdemos tempo e energia julgando a nós mesmos negativamente, perdemos a oportunidade de nos amar, de nos aceitar do jeito que somos, entender e aprender com os nossos erros. Isso acontece porque nesses momentos simplesmente ficamos com raiva e nos sentimos frustrados. O veredito desse julgamento é *culpado por incompetência e incapacidade*, e a sentença é: *você não merece o sucesso*. O amor-próprio, a autoaceitação, a paciência e a gentileza, nesse caso, mandam lembranças e passam longe.

A gentileza traz o recurso acessório do perdão. O perdão, de forma geral, pode ser um grande desafio: aceitar que alguém vacilou e lhe fez mal. Mas, se perdoar as outras pessoas pelos seus erros já não é fácil, perdoar a si mesmo pode ser um desafio ainda maior.

Já me deparei com pessoas que se culpavam por erros cometidos há décadas. Essa culpa, ocasionada por um autojulgamento severo, sem gentileza, gerava uma sensação de frustração e afetava a autoimagem delas. Quando nos julgamos negativamente, passamos a nos perceber com um sentimento de inferioridade diante dos desafios. Dessa forma, a autoconfiança fica reduzida, e logo chega o medo do futuro e de novas frustrações, por nos sentirmos incapazes de superar as dificuldades.

Perdoe as outras pessoas, não porque elas mereçam o seu perdão, mas porque você não merece os prejuízos de guardar rancor.

## Gentileza X Disciplina

Quando você aprende a se perdoar pelos seus erros com gentileza, cria a possibilidade de aprender com os tropeços. Por outro lado, a falta de gentileza gera um autojulgamento rígido, severo, intolerante ao erro, e toda vez que isso acontece, a nossa autoimagem é abalada.

A autoimagem é uma das bases do sonhador interno, e quando ela está apequenada, naturalmente a autoconfiança fica prejudicada, bem como a fé e a força de vontade. Sem a energia do sonhador, o realizador — nossa parte responsável pelas ações — fica fraco, sem foco, e aparecem a procrastinação, o desânimo e a preguiça.

Por isso é que a gentileza é tão importante: para que a disciplina não seja afetada pela falta de força de vontade advinda de uma autoimagem fragilizada pelo autojulgamento duro e pela cobrança interna excessiva.

# A TRÍADE DA GENTILEZA

Para manter sua Imunidade Emocional, é imprescindível que você diga para si mesmo estas três palavras: **parabéns**, **calma** e **evolua**. A seguir, falarei sobre cada uma delas.

## A) PARABÉNS

Digamos que você começou a treinar musculação em uma academia e no primeiro dia só conseguiu fazer 30% do planejado pelo preparador físico. Faltou gás, bateu o cansaço, e você jogou a toalha. Como se sentiria em uma situação dessas?

Se o seu crítico interno estiver condicionado para apoiá-lo, fazendo uso da paciência, gentileza e autovalorização, a sua paz interior e até a sua fé em fazer dar certo na academia serão preservadas. Os 30% serão valorizados positivamente, e você será incentivado para se superar um dia de cada vez. Se o seu crítico interno estiver com um mindset de cobrança, de julgamento severo, você se sentirá mal por não ter feito o treino completo.

Aprenda a se parabenizar antes de começar qualquer ação, durante a realização de todas as suas ações importantes do dia e, principalmente, ao final delas. Não importa se você fez 10% do que deveria ter feito. Parabenize-se! Tenha calma para se perdoar por aquilo que não saiu como o planejado e evolua para conseguir aumentar gradativamente a sua capacidade de realizar metas.

Portanto, dê-se os parabéns constantemente no seu cotidiano — começando com pelo menos dez vezes na primeira hora da manhã. Isso ajuda a valorizar cada pequena ação e a desenvolver gratidão por todas as conquistas diárias. Recomendo que você repita essa âncora em torno de 50 vezes por dia.

- Desligou o despertador sem usar a função soneca: **parabéns!**
- Saiu da cama e não ficou de preguiça, matando tempo: **parabéns!**
- Tomou o café da manhã seguindo a sua dieta: **parabéns!**
- Fez o exercício físico do dia: **parabéns!**
- Começou a trabalhar ou estudar no horário certinho: **parabéns!**

É assim que se mantém a carga do sonhador. É isso que faz com que ele transforme força de vontade em ação. Aprenda a valorizar suas ações e experimente uma energia fantástica para manter a motivação e o foco nas estratégias rumo ao sucesso.

Pessoas que estão sofrendo com a impaciência e com o perfeccionismo não conseguem se parabenizar e valorizar suas ações. Mas você não pode esperar bater as metas para só então se alegrar pelas suas realizações.

Com a alegria do que se consegue fazer hoje, será feito ainda mais amanhã! Se você olhar para as suas ações do dia e ficar com raiva pelo que não conseguiu fazer, pela meta não batida, pelo que está faltando cumprir, esse autojulgamento negativo vai gerar uma ansiedade que reduzirá a sua energia e a sua capacidade de ação no dia seguinte.

Quando você valoriza a parte cheia do copo, estimulando a paciência para persistir até que o copo fique completamente cheio e a meta 100% batida, você preserva sua energia interior para que ela seja aplicada nas ações que vão gerar resultados, e não nas preocupações.

## Selo de "Parabéns"

Muitas pessoas só deixam para comemorar as ações do seu dia quando e se conseguem bater a meta. Qualquer coisa inferior à meta não é celebrada ou valorizada, é como se elas não tivessem feito nada.

Certa vez, fiz uma sessão de coaching com uma coachee toda feliz por ter recebido a visita dos pais na sua empresa e por ter recebido muitos elogios deles. Eu usei a pergunta de ouro: *Como se sentiu com a valorização dos seus pais?*, ao que ela me respondeu: "Me senti muito valorizada, feliz e orgulhosa". Então, perguntei se ela estava se sentindo valorizada, feliz e orgulhosa antes do elogio dos pais, e ela disse que não, que parecia que as suas ações não tinham valor, e ela estava até triste sobre os seus resultados. Bastou receber a valorização externa que a sua valorização interna aumentou, e isso é muito perigoso. Perguntei para ela se era comum que fizesse coisas excelentes, mas só sentisse que eram excelentes, só percebesse o valor e se conectasse com a alegria das suas ações, quando as outras pessoas "carimbavam" a folha dela e diziam que aquilo estava excelente. Essa condição é uma dependência da valorização externa. Você precisa ser o dono do seu próprio carimbo de parabéns, porque precisa ser a primeira pessoa do mundo a valorizar as suas ações, a saber o seu valor, a sua história e as suas conquistas. Enquanto isso não acontecer, a vida não vai lhe dar tudo o que você pode ter.

Os elogios, bem como as críticas (construtivas e destrutivas), precisam ser encarados com gratidão, mas eles não podem interferir na sua autovalorização. Se você só se sente valorizado quando alguém o elogia, vai se tornar um refém da valorização externa, e quando não receber esse reconhecimento, não vai se sentir valorizado. O mesmo vale para o caso inverso: se alguém o critica e você se sente mal por isso, é como se permitisse que outra pessoa determinasse o seu valor.

Quando comecei a palestrar, percebi que quando as pessoas me aplaudiam de pé, ao final de uma palestra, eu ficava muito mais feliz do que quando os aplausos eram menos calorosos. Notei que a valorização da minha palestra estava nas mãos da plateia e não nas minhas mãos. Decidi que mesmo que as pessoas não me aplaudissem ao finalizar a palestra, eu mesmo me aplaudiria — lembrando que a minha autovalorização não me impede de refletir sobre os pontos que preciso melhorar para prender mais a atenção da plateia, para poder melhorar o meu poder de comunicação e transmitir ideias na minha fala que possam promover mudanças de vida.

Certa vez, estava no meio de uma palestra, e uma das pessoas na plateia estava com uma cara muito séria. Em cada piada ou analogia engraçada que eu fazia, todos caíam na gargalhada, mas aquela mulher permanecia séria. Tento fazer minhas palestras num formato parecido com as comédias *stand-up*, para transmitir as minhas ideias de forma bem-humorada. Eu comecei a apelar para exemplos cada vez mais engraçados, mas a mulher seguia séria. Ao final da palestra, aplausos fervorosos de pé e o sorriso de gratidão em praticamente todos do auditório, exceto daquela mulher. Curiosamente, ela foi a primeira pessoa da fila a vir falar comigo ao final do evento. Geralmente, as pessoas vêm para agradecer pela mensagem, tirar uma foto e me dar um abraço. Cada pessoa que chega aumenta a minha gratidão a Deus por poder cumprir a minha missão de transformar vidas. Acredito que eu fico mais feliz que eles pelo evento, e cada foto que tiram é uma satisfação minha por ter pessoas que querem eternizar aquele momento, que dedicaram o seu tempo em uma fila para me agradecer.

Quando aquela mulher séria chegou a mim, deu-me um abraço caloroso e finalmente sorriu. Ela disse que estava com uma enxaqueca terrível, mas que se manteve na palestra suportando a dor por perceber o valor das mensagens que eu estava passando. Palavras dela: "A sua palestra foi a melhor coisa que me aconteceu nos últimos anos. Era tudo o que eu precisava ouvir para fazer dar certo até dar certo." Depois daquele evento, eu me despreocupei ainda mais sobre a cara feia de algumas pessoas da plateia. Sempre penso que eles podem estar com enxaqueca ou com dor de barriga, e que se permanecem sentados me ouvindo é porque estão achando a minha fala interessante.

Em cada palestra, reforço a minha intenção e me conecto com a minha missão, fortaleço a minha visão sobre o que vou entregar para o universo naquele dia, percebo a alegria que é ter a oportunidade de transformar vidas e me conecto com os cinco recursos da Imunidade Emocional, especialmente a gentileza de dizer para mim mesmo: *Eu não preciso ser perfeito, mas posso ser o meu melhor, a minha excelência, do meu jeito e no meu tempo.* Essa postura me mantém focado e alinhado internamente para fazer de cada palestra um momento fantástico para mim e para as pessoas que eu tenho a honra de receber na plateia. Subo no palco sempre com uma alegria indescritível e o coração certo de que vamos nos divertir bastante naquelas duas horas de reflexões profundas sobre a vida com risadas gostosas.

## B) CALMA

Enquanto os parabéns te ajudam a aumentar a sua energia interna, a âncora da calma atua na preservação dessa energia. Ela significa:

- Tenha paciência, persista.
- Mantenha a fé. Confie, vai dar certo!
- Mantenha o equilíbrio e a paz de espírito diante das adversidades.
- Lembre-se de quem você é. Os seus erros não o definem, eles são excelentes oportunidades de aprendizagem e crescimento!
- Não se cobre tanto. Tenha gentileza consigo mesmo. Ninguém é perfeito, todo mundo erra, mas você pode ser cada vez melhor, se conseguir manter a tranquilidade para aprender com as dificuldades e os insucessos.

Percebe como a calma abrange os cinco recursos da Imunidade Emocional?

## C) EVOLUA

Ao manter a calma pelos erros e se parabenizar pelos acertos, você cria a oportunidade de melhorar, de evoluir, eliminando erros e maximizando acertos em busca da eficiência, da excelência e da superação contínua. A âncora do evolua quer dizer:

**Vá, busque o seu melhor!**

**Siga em frente!**

**Supere-se!**

Quando aprender a encontrar a alegria de viver, a se valorizar e a comemorar cada aspecto e cada ação, mantendo a calma quando as coisas não derem certo (e eventualmente as coisas dão errado mesmo), você vai ter o alinhamento interno necessário para se manter em movimento e em constante evolução.

Faça agora um cartaz escrevendo estas três palavras:

> **PARABÉNS**
>
> **+**
>
> **CALMA**
>
> **+**
>
> **EVOLUA**

Deixe-o em um local visível para que ao longo do dia você se lembre de promover essa conexão. Quanto mais você se conectar com essas âncoras, mais energia interna você terá, e mais produtividade e evolução haverá para os desafios e objetivos.

No início, o uso dessas três âncoras pode parecer mecânico, artificial, mas em algum momento do dia você vai sentir a alegria de comemorar as suas ações positivas, e isso vai permitir que, ao iniciar qualquer ação, os parabéns lhe deem uma forte carga de estímulo para manter a sua energia interna sempre alta.

## PRATICANDO OS RECURSOS DA IMUNIDADE EMOCIONAL

Quando eu era mais jovem, escutei uma história sobre dois amigos que estavam comprando jornal em uma banca onde o jornaleiro tratava um deles com grosseria. Ele estava nitidamente mal-humorado e irritado, respondendo a todas as perguntas de forma ríspida. Quando os dois clientes saíram da banca, um perguntou ao outro: "Como você permitiu que aquele jornaleiro o tratasse tão mal, sem revidar nem dizer nada? Por que não o colocou no seu devido lugar?" O amigo sorriu calmamente e respondeu: "Você acha que eu vou deixar nas mãos de outra pessoa a forma como eu me sinto? Ele agiu de acordo com a natureza dele, e eu, de acordo com a minha."

Quando ouvi essa história, ficou clara a importância de manter essa blindagem, esse equilíbrio inabalável, essa imunidade emocional em relação às ações e palavras de outras pessoas. Naquela época, entendi o que eu tinha que fazer, mas não tinha a menor ideia de como fazer. Hoje, pensando sobre os cinco recursos da Imunidade Emocional, percebo o quanto é fácil manter o controle em uma situação dessas. Note que o cliente super zen da banca de revistas estava com a paz de espírito fortalecida, a paciência igualmente desenvolvida e a gentileza aflorada — esses foram os recursos principais para que a calma fosse mantida diante das grosserias do comerciante. A autovalorização veio como um recurso complementar: *Eu sei quem sou, não preciso responder a essa falta de educação.* A fé pode ter entrado como um recurso que permitiu alcançar uma visão maior de tudo aquilo, como um propósito de vida: *Essa pessoa deve estar cheia de problemas, frustrações e infelicidade. A melhor forma de ajudá-la é não retribuir suas ações de grosseria. Hoje, ela precisa da minha gentileza e, ainda que não peça, do meu perdão.*

Essa técnica para construção da Imunidade Emocional eu não li em um livro, tampouco aprendi em um curso. Foi um conceito que criei ao longo do tempo, ao observar as pessoas e constatar que, quando alguém tem qualquer um desses cinco pontos enfraquecido, as coisas começam a desandar e a dar errado, tanto interna quanto externamente.

- Quando perdemos a **fé**, vêm o desespero, o desânimo, o medo e a falta de confiança.

- Quando perdemos a **paciência**, vêm a pressa, o imediatismo, a angústia para que as coisas deem certo logo.

- Quando perdemos a **paz interior**, qualquer coisa nos irrita e tira nosso equilíbrio, somos tomados pela raiva e pelo desânimo, dando início a uma guerra interior.

- Quando perdemos a capacidade de **autovalorização**, nos esquecemos de quem somos, deixamos de valorizar a nossa história, as nossas conquistas e ações, nos sentimos pequenos diante dos desafios.

- Quando perdemos a **gentileza**, ficamos muito duros com nós mesmos, nos tratamos de forma impiedosa, nos julgamos negativamente e podemos até fazer o mesmo com outras pessoas.

Quando um desses itens cai, acaba levando os outros com ele. Não é raro ver pessoas que, ao enfrentar insucessos na vida, ficam sem paciência, se julgam de forma severa, com pouca ou nenhuma gentileza, se envergonham pelos seus erros e sentem que estão desapontando aqueles que têm expectativas sobre o seu sucesso, deixando de lado a autovalorização e se preocupando excessivamente com a opinião e o julgamento alheios.

Dessa forma, a autoimagem fica abalada e vem a perda da fé. Em um minuto de conversa com alguém assim, é fácil notar que ela tem pouca paz interior. O nível de estresse, irritação e nervosismo fica alto. Desse jeito, ninguém pensa direito, ninguém age de forma coerente. É como se você estivesse perdido, sem chão, se sentindo a pior pessoa do mundo.

Por isso, logo no início do dia, é indispensável calibrar os cinco recursos da Imunidade Emocional. Antes mesmo de sair da cama, você pode fazer uma simples e rápida verificação desses mecanismos.

Para começar, defina o modelo ou os modelos doadores de cada um dos recursos — isso facilita o exercício e é uma escolha pessoal. Os meus modelos doadores dos recursos têm significado para mim, e você deve escolher aqueles que tenham significado para você. Um grande segredo é gerar uma convivência com eles, promover encontros mentais ao longo do dia. Além disso, perceba que certos modelos vão servir como inspiração para mais de um recurso. Não há problema. Só tome o cuidado de se concentrar no recurso que está recebendo naquele momento e em como aplicá-lo na sua vida e nos aspectos desejados.

**Modelo(s) doador(es):**

Fé: ......................................................................................................
..............................................................................................................

Paciência: ...........................................................................................
..............................................................................................................

Paz interior: .......................................................................................
..............................................................................................................

Autovalorização: ................................................................................
..............................................................................................................

Gentileza: ...........................................................................................
..............................................................................................................

Depois, é fundamental realizar estes cinco passos para que a conexão com os modelos doadores dos recursos seja poderosa:

1. Imagine um contato físico com cada modelo doador, um abraço, um toque no ombro ou um aperto de mão, o que vai permitir a ativação do canal sinestésico, segundo a PNL (programação neurolinguística).
2. Visualize a cor do recurso sendo transferida do modelo para você.
3. Use a sua respiração para manter uma sintonia com a pessoa que está lhe doando aquele recurso da Imunidade Emocional.
4. Imagine o que essa pessoa lhe diria em uma palavra ou frase para ajudá-lo a desenvolver esse recurso de forma prática na sua vida.
5. Dê as boas-vindas verbalmente para o recurso.

> **Dica:** nunca deixe qualquer recurso de fora. Sempre promova a conexão com os cinco instrumentos da Imunidade Emocional, independentemente da situação ou do sentimento a ser trabalhado. Essa é uma ação extremamente importante.

## Praticando a fé

Pergunte-se: *Como está o meu nível de fé para começar o dia?* Feche os olhos e imagine-se encontrando seu modelo doador de fé em algum lugar tranquilo, como uma praia ou um jardim, por exemplo. O seu modelo doador pode ser Deus, Cristo, o Papa

Francisco, alguém da sua família ou qualquer pessoa que o inspire e transmita fé. Use a sua respiração para se conectar com ele. Se preferir, abrace-o e permita que a sua energia, com uma cor específica, chegue até você. Sinta a fé que vem dessa pessoa entrar em você, fluir para cada parte do seu corpo, braços, pernas, cabeça, coração. Imagine o que essa pessoa poderia lhe dizer no dia de hoje para ajudá-lo a fortalecer ainda mais a sua fé, então dê as boas-vindas verbalmente para esse recurso:

*Seja bem-vinda, fé!*

Perceba como essa fé o fortalece, trazendo confiança, tranquilidade e energia para fazer deste um dia maravilhoso.

▲ ▼ ▲

## Praticando a paciência

Continue caminhando por esse local sossegado e conecte-se com o seu modelo doador de paciência. Você pode escolher um monge, Dalai Lama, Buda, Cristo ou qualquer pessoa que lhe inspire paciência. Dê um abraço no seu modelo doador, perceba a cor da paciência e visualize-a se espalhando por todo seu corpo. Respire fundo, sinta esse recurso transformá-lo e ajudá-lo a manter o foco para persistir com fé e ânimo. Use a sua respiração para ampliar sua conexão com esse tipo específico de paciência e imagine o que o seu modelo doador lhe diria para intensificar o uso da paciência na sua vida. Diga em voz alta:

*Seja bem-vinda, paciência!*

▲ ▼ ▲

### Praticando a paz interior

Nessa caminhada pelo lugar escolhido, encontre-se com o seu modelo doador de paz interior, abrace-o e visualize a cor desse recurso chegar até você. Usando a sua respiração, conecte-se com esse recurso e perceba-o em todo o seu corpo. O seu modelo doador de paz interior pode ser o rei Leônidas de Esparta, Usain Bolt, Anderson Silva, ou qualquer outra pessoa que, na sua opinião, tenha bastante paz de espírito. Sinta essa paz de espírito transformá-lo internamente, blindando-o de absolutamente tudo e todos, fortalecendo-o diante dos desafios, imunizando-o de qualquer insucesso, crítica ou ação alheia. *Aquilo que acontece lá fora não altera nada aqui dentro.* Imagine o que o seu modelo doador de paz interior lhe diria hoje. Diga em voz alta:

***Ainda que eu esteja em uma guerra, decido cuidar da minha paz. Seja bem-vinda, paz de espírito!***

▲ ▼ ▲

### Praticando a autovalorização

Visualize a sua versão do futuro, o seu eu de alguns anos à frente, que já realizou boa parte dos seus sonhos, uma pessoa mais evoluída, ainda mais feliz, que se sente realizada, tranquila, em paz, vivendo uma vida plena, cheia de energia para as suas conquistas.

Como seria poder se encontrar com sua versão do futuro?

Aliás, como você será no futuro? Como será a sua vida?

E como seria, nessa caminhada, poder se encontrar com uma versão sua lá do passado e com uma versão sua do futuro, para que você pudesse ver quem foi, e tudo que já superou na vida, quem é e quem será? Lembre-se da sua história e releia brevemente cada capítulo dela, valorizando suas conquistas, sua jornada, coisas boas e simples que realizou, cujo valor talvez só você mesmo perceba.

Conecte-se com a gratidão e com a alegria de ser quem você é, de ter o que tem e fazer o que faz. Perceba a sua trajetória, a sua evolução pessoal e profissional, familiar e social, visualizando o que de bom pôde construir até agora. Diga em voz alta:

*Eu sei quem sou, eu sei o meu valor, sou o dono da régua que me mede, eu valorizo a minha história, as minhas conquistas e ações. Com a alegria de fazer o que consigo fazer hoje, farei ainda mais amanhã. Com a alegria de ser o que sou hoje, serei ainda mais amanhã. Com a alegria de ter o que tenho hoje, terei ainda mais amanhã.*

*Seja bem-vinda, autovalorização!*

▲ ▼ ▲

## Praticando a gentileza

Chegou a hora de se conectar com o seu modelo de gentileza. Você pode escolher Deus, Cristo, o Papa Francisco, aquela senhora gentil da padaria, alguém da sua família ou qualquer pessoa que lhe propicie a essência da gentileza, do amor colocado em prática, da solidariedade e do perdão.

Respire profundamente e visualize a cor da gentileza chegando até você, crescendo em seu coração. Sinta essa gentileza transformá-lo, ajudando-o a perceber a sua humanidade e a humanidade das outras pessoas, mostrando que não precisamos ser perfeitos, mas que podemos aprender com os nossos erros e acertos, com gentileza, mantendo a paciência e a paz interior, cuidando da nossa fé para que possamos nos aprimorar na vida. Imagine o que cada modelo doador de gentileza tem para lhe dizer hoje, e em voz alta anuncie: *Seja bem-vinda, gentileza!*

Visualize a gentileza em cada parte do seu corpo, ajudando-o a se amar e a se aceitar, a perceber o milagre e a maravilha que é a sua vida, o simples fato de estar vivo, com todas as condições e possibilidades necessárias para fazer o que quiser e lutar pela realização dos seus sonhos.

Perdoe-se pelos seus erros e insucessos, pelos seus deslizes e imperfeições, decida aprender com cada um deles e evoluir, deixando o passado para trás. Perdoe as outras pessoas pelas falhas que possam ter prejudicado você, tente perceber e até valorizar e agradecer pela intenção positiva por trás de cada ação, pelo desejo delas de ajudar, mesmo que essa ação esteja, na verdade, atrapalhando ou fazendo mal.

## Ainda não acabou...

Repita esse ciclo de conexão com os seus modelos doadores algumas vezes, até que sinta cada um deles bastante fortalecido em você. Esse método é como qualquer coisa que precise de prática, como dançar ou falar em público: não basta fazer uma ou duas vezes para chegar à excelência, é preciso treinar até que seja algo natural.

**Agora que chegamos ao final do primeiro capítulo, registre abaixo suas primeiras impressões praticando os cinco recursos da Imunidade Emocional. Quais foram seus insights até aqui?**

............................................................................................
............................................................................................
............................................................................................
............................................................................................
............................................................................................
............................................................................................
............................................................................................
............................................................................................
............................................................................................
............................................................................................
............................................................................................
............................................................................................
............................................................................................
............................................................................................

**CAPÍTULO 2**

# AUTOIMAGEM, A BASE DE TUDO

*Enquanto você não souber o seu valor,
a vida não vai lhe dar
tudo o que você poderia ter.*

Enquanto você não tiver certeza de tudo o que pode se tornar, seus sonhos sempre serão pequenos. Tudo na vida depende de como você se vê, e a partir daí as coisas começam a fluir, ou não. O seu autojulgamento, a forma como interpreta o que acontece na sua vida, os seus erros ou acertos, seus insucessos ou vitórias, tudo isso define como você se vê.

Vale ressaltar que a interpretação dos fatos é o que define a sua autoimagem. É como você enxerga o que acontece, e não os fatos em si, o que vai definir a sua autoimagem.

Já me deparei com milionários que não se sentiam vencedores na vida e pessoas com uma conta bancária muito menor que se sentiam vitoriosas pelo que superaram e conquistaram até então.

Já tive contato com pessoas que passaram por situações de saúde extremamente complicadas, que escaparam da morte por muito pouco, que quebraram financeiramente e não tinham a menor ideia de como pagariam uma enorme dívida, mas que não abaixaram a cabeça e conseguiram manter a fé e a autoconfiança para fazer dar certo até dar certo. Também já acompanhei pessoas em processos de coaching que se sentiam fracassadas, as piores pessoas do mundo, porque foram reprovadas em uma prova ou porque enfrentaram um pequeno insucesso na vida.

O fato é que cada pessoa interpreta o que acontece na sua vida de acordo com os seus princípios e valores, e quando o mindset está ajustado para uma interpretação negativa, até mesmo os seus acertos perdem o valor.

**Por mais que se faça, sempre há a comparação com outra pessoa ou a insatisfação de que poderia ter feito mais e melhor.**

Tudo depende do seu mindset! Ele é o ajuste que define como você interpreta os fatos que acontecem na sua vida. É como uma lente que vai determinar como será traduzida cada ocorrência da sua vida.

Diante de um erro, você pode ter um mindset que o defina como um fracassado, incompetente e perdedor, ou pode aprender com esse erro, e entender que ele faz parte do processo de aprendizado. No momento das derrotas e falhas, a depender de como é constituído o seu mindset, você pode se julgar de forma negativa ou compreender que ninguém é perfeito, que todo mundo erra, e que aquele insucesso pode lhe trazer valiosos ensinamentos.

Como está o seu mindset sobre a forma como interpreta as suas falhas? Dedique um minuto para lembrar dos seus erros, dos mais bobos aos mais graves. Como se sentiu quando eles aconteceram? Como reagiu a eles? Como ficou a sua autoimagem depois desse erro? Esse é um ponto crucial que vamos estudar a fundo.

Enquanto você não souber o seu valor, a vida não vai lhe dar tudo o que você poderia ter.

@lima.felipe

## AS TRÊS PARTES INTERNAS

Todos nós temos três partes internas: o crítico, o sonhador e o realizador. Tudo em nós, de alguma forma, está ligado ao comportamento de cada uma dessas partes e à interação entre elas. Tente vê-las como se fossem três funcionários de uma empresa da qual você é o dono.

Quando promovemos um alinhamento e um fortalecimento dessas três partes, criamos um estado de bem-estar interior, um controle excelente dos aspectos que geram ansiedade e até um aprimoramento de ações e hábitos que levam a realizações e sucesso. Como consequência, nossa autoimagem se fortalece. Compreender como essas três partes internas funcionam e aprender a ajustá-las são pontos essenciais para que as coisas engrenem na sua vida.

O **sonhador** é o responsável pelo desejo de realizar os nossos sonhos, o dono da nossa visão de futuro e da nossa autoimagem. É dele que vem toda a força de vontade necessária para o trabalho do realizador. O **realizador** é o encarregado pelas nossas ações, por colocar a mão na massa e fazer as coisas acontecerem. Por sua vez, o **crítico** é a voz da nossa consciência, nosso autojulgamento e a forma como interpretamos nossa vida, as situações em que nos encontramos e aquilo que acontece conosco, nossos resultados, erros e acertos.

Quando o sonhador enfraquece, o realizador perde seu vigor. Quando não conseguimos definir ou acreditar nos nossos sonhos, perdemos a capacidade de agir para torná-los reais. Quando o sonhador está indeciso sobre qual caminho seguir, o realizador fica sem rumo e age de forma desorientada. O sonhador é a bússola que aponta o caminho para o realizador navegar, e o crítico deve ser o incentivador para fazer com que o realizador se supere continuamente.

Às vezes, o sonhador pode estar forte, sonhando muito e com a fé inabalável de que vai dar certo, mas se ele não estiver conectado com o realizador, transformando o desejo de concretizar os sonhos em força de vontade, o realizador ficará fraco e sem disciplina para manter o foco nas ações estratégicas.

O sonhador precisa se comportar como uma torcida organizada que não para de empurrar o time, gritando e cantando durante os noventa minutos do jogo; o crítico, como o técnico, fica à margem do campo orientando, incentivando, apoiando e aprimorando as ações realizadas em campo pelos jogadores, os realizadores.

Quando o sonhador deseja a concretização dos seus projetos, ele transforma esse desejo em força de vontade e envia essa energia ao realizador, que, por sua vez, entra em ação. Por fim, a valorização, o julgamento e a interpretação das ações do realizador estão nas mãos do crítico. Quando o crítico interno reconhece, parabeniza e valoriza as ações do realizador, o sonhador recebe de volta a energia enviada para o realizador, fortalecendo a sua autoimagem e, consequentemente, sua fé e autoconfiança. Por outro lado, quando o crítico interno é severo demais, o sonhador oscila e desanima, causando fortes impactos sobre o realizador.

Quando o crítico interno se torna excessivamente rígido, até os momentos de descanso são interpretados como um erro. As pessoas trabalham, estudam e se empenham para alcançar os seus objetivos de vida e, às vezes, correm o risco de se privar de descanso em função da cobrança excessiva do crítico.

*"Não descanse até cumprir a missão"*, grita o crítico interno, privando o realizador de repouso. Consequentemente, pela falta de descanso, o realizador passa a render cada vez menos, perdendo performance, gerando ainda mais culpa, o que torna o crítico ainda mais restritivo a pausas e intervalos. Quando o realizador não aguenta mais e trava, logo vem o crítico e manda uma marretada na consciência: *"Você não deveria estar descansando! Os seus concorrentes não estão relaxando e fazem muito mais do que você! Desse jeito não vai dar certo nunca!"* Essa culpa pelo descanso gera ainda mais ansiedade, o que agrava o cansaço físico e mental pelo gasto de energia emocional inútil. Ou seja, torna-se uma bola de neve.

O crítico precisa ser positivamente condicionado para promover um alinhamento das três partes e permitir que sonhador e realizador trabalhem com eficiência. A fim de ajudar nesse processo, você pode sempre praticar a Tríade da Gentileza ao final do dia:

1. **Parabéns**: independentemente do que você conseguiu realizar no dia, valorize as suas ações e avanços, elogie-se.

2. **Calma**: melhore-se com gentileza, perdoe-se pelos seus erros, aprenda com eles e mantenha o foco na gratidão de poder usar os erros rumo aos acertos.

3. **Evolução**: conecte-se com a alegria de buscar se superar continuamente e de reconhecer os seus avanços ao sair da zona de conforto.

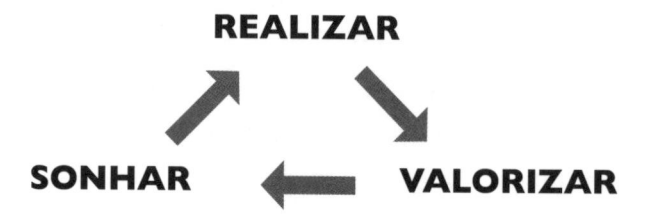

**REALIZAR** ← **SONHAR** ← **VALORIZAR** → **REALIZAR**

O desafio consiste em manter o mindset apoiador para que o crítico interprete as ações do realizador de forma positiva. Ninguém começa algo na vida acertando tudo, fazendo tudo perfeito, exatamente como planejado. Se o crítico interno estiver condicionado para apoiar o realizador com paciência, gentileza e incentivo enquanto ele se melhora, será possível trilhar uma jornada de evolução em busca da excelência. Em contrapartida, quando o crítico interno tem um mindset de cobrança, vivemos somente os erros, deixando os acertos de lado. Apesar da intenção positiva de não se deixar estagnar na zona de conforto, esse comportamento acaba atuando como se em uma conta-corrente só fossem computados os débitos, ignorando os créditos.

Pior ainda é quando o crítico tem um mindset tão negativo que, mesmo quando o realizador consegue bater a meta e fazer até mais do que foi planejado, o crítico não valoriza as ações do realizador em razão da culpa criada nos dias em que a meta não foi batida, da culpa em relação aos insucessos do passado, das comparações com outras pessoas que supostamente conseguem produzir mais do que ele, da culpa causada pelo tempo que já se passou sem a realização do objetivo desejado, da culpa por sentir todas essas culpas e por desperdiçar ainda mais tempo e energia com desânimo, procrastinação ou preguiça.

Por outro lado, o papel do crítico apoiador é o de incentivar, orientar, valorizar as ações do realizador, auxiliando-o para que ele aprenda com os seus erros com gentileza, sem culpa excessiva, se perdoando pelas suas limitações e insucessos, evoluindo e deixando o passado no passado. Ninguém terá um sonhador forte e consistente sem um crítico apoiador. Todas as vezes em que o crítico julgar o realizador sem gentileza, interpretando as suas ações negativamente, o sonhador sofrerá com isso. E sempre que o sonhador sofrer qualquer dano pelo autojulgamento do crítico, o realizador, de alguma forma, será prejudicado. Portanto, é inútil tentar ajustar o realizador e o sonhador sem manter o crítico apoiador.

Nesse processo, é fundamental ter em mente que, sempre que você comete um erro, o universo cria uma oportunidade, e esse é um momento mágico, quando você pode escolher uma destas duas opções: **Crescer**: você pode aprender com os seus erros, com paciência e gentileza, mantendo a sua paz de espírito para evoluir, se melhorar e deixar o passado no passado, ou você pode **Sentir culpa:** se julgando de forma severa, negativa, se sentindo incompetente, incapaz e fracassado.

Dessa forma, lembre que os erros são excelentes oportunidades de aprendizado e crescimento. Seja gentil consigo mesmo para aprender a lidar com os seus erros e até sentir gratidão por eles. Os erros podem lhe trazer aprendizados que os acertos jamais trarão, mas isso só ocorre se você não perder tempo e energia com a culpa excessiva. Toda vez que se concentrar na culpa sobre os seus erros, esse padrão de modelo mental trará um autojulgamento negativo, abalando a sua autoimagem.

Ajustando o crítico, o sonhador começa a ganhar força por meio da valorização das ações do realizador. Quanto mais as ações forem valorizadas, maior ficará a confiança do sonhador, e consequentemente as expectativas tenderão a subir, pois é natural esperar receber muito quando estamos pagando muito. Quanto mais nos dedicamos para realizar nossos objetivos, mais criamos expectativa por resultados proporcionais aos nossos esforços.

Nesse ponto, temos que voltar nossa atenção para mais um aspecto: a criação de expectativas altas demais, desejando o reconhecimento imediato pelos nossos esforços, pois, quando não obtemos esses resultados na proporção ou no tempo esperados, a frustração é enorme. É como se você fizesse depósitos na sua conta-corrente por vários dias, durante muito tempo, mas, quando consultasse o extrato, aparecesse um saldo muito menor do que o esperado.

Por isso é que precisamos de equilíbrio, sabendo nivelar nosso crítico interno e nossas expectativas, para que elas não sejam altas demais, podendo levar ao sentimento de frustração, e nem baixas demais, podendo levar à autodesvalorização — o que afeta diretamente nossa autoimagem.

Nessa busca, a primeira solução é prestar atenção nas expectativas sobre os resultados e o tempo para o sucesso desejado. É manter o foco nas ações, no processo, e não nos resultados; é ter paciência e lembrar que tudo tem seu tempo. Manter as expectativas controladas é um exercício de fé, é acalmar seu coração e colocar sua vida nas mãos do universo (ou de Deus, se for essa a sua fé) e aceitar que tudo nessa vida dá certo ou errado do jeito certo. No fim das contas, tudo se encaixa, tudo faz sentido.

O segundo passo é fazer uso dos cinco recursos da Imunidade Emocional, que são excelentes para lidarmos com o sentimento de frustração quando, de alguma forma, não conseguimos coordenar as expectativas e acabamos dominados pela culpa:

- **Fé:** tudo acontece no tempo certo. Mantenha a confiança para persistir e continuar na busca pela realização dos objetivos traçados.
- **Paciência:** ainda não deu certo, mas vai dar. Aprenda com os seus erros e persista.
- **Paz interior:** os seus erros e insucessos não o definem. Tenha calma e tranquilidade. Não é o fim do mundo.

- **Autovalorização:** esse insucesso não invalida os seus esforços. Valorize tudo que você já fez, o que aprendeu e em quem se transformou. Aprenda com esse erro.
- **Gentileza:** perdoe-se, ninguém é perfeito, e todo mundo erra. Você não precisa ser perfeito, mas pode usar esse erro para ser ainda melhor.

## Como mudar o padrão de cobrança e a referência de crítico interno

É muito importante identificar quando na sua história de vida o seu crítico interno foi modelado ou, ainda, por quais pessoas ele foi condicionado a corresponder às expectativas. Na verdade, ao longo da vida, vamos ajustando nossas três partes internas, especialmente o crítico, para superar as dificuldades e desafios; mas, geralmente, os desalinhamentos começam já na infância ou na adolescência.

Quando não conseguimos identificar o momento em que ocorreu e quem serviu de referências ao crítico interno, devemos manter o foco em um novo padrão de crítico apoiador. Mas isso vai exigir uma energia extra, tendo em vista que o padrão do crítico anterior, inconscientemente, ainda pode ser honrado e mantido. São recaídas que o crítico pode ter com base no modelo antigo de comportamento, promovendo a autossabotagem, autojulgamento rígido, impaciência, perfeccionismo, culpa, raiva, medo, desvalorização e a interpretação negativa daquilo que acontece na sua vida.

Justamente por isso é tão importante encontrar a origem do seu padrão de crítico interno, para que você compreenda o motivo das suas ações, as situações e crenças que o levaram a se exigir tanto no passado, a não ter paciência e gentileza consigo mesmo, a interpretar aquilo que acontece na sua vida de forma negativa.

Algumas perguntas podem ajudar a identificar a origem do seu crítico interno:

- Quando, no seu passado, você sentiu que os seus acertos foram ignorados e apenas o seu erro foi observado?
- Quando você sentiu que as suas ações nunca eram o bastante, que você nunca fazia o suficiente?
- Quando sentiu que as pessoas esperavam demais de você e percebeu que os seus insucessos seriam uma decepção para elas?

Algumas pessoas agiram com o padrão da cobrança ou com expectativas excessivas em relação a você, mas elas nem se lembram do momento em que isso aconteceu. Certamente, as situações do passado que geraram esse padrão de crítico negativo não foram nada agradáveis, e provavelmente foram até traumáticas. É por isso que elas são tão difíceis de lembrar. É natural que nós não recordemos de momentos negativos do nosso passado. É como se aquelas lembranças fossem tão ruins que, inconscientemente, não queiramos nos conectar com elas.

Porém, quando identificamos essa origem de padrão de crítico, precisamos mudá-la para que novos aprendizados sejam adquiridos com outras pessoas, de forma mais apoiadora e incentivadora, para que os padrões antigos sejam ajustados de forma positiva.

O que lhe foi ensinado ao longo da sua história é um tesouro que deve ser preservado e ajustado para lhe fazer bem.

Quando conseguimos identificar um momento no passado (o mais distante possível) que motivou o padrão de crítico negativo, é preciso fechar os olhos e voltar no tempo, lembrar-se daquela situação, ver o que se viu, ouvir o que foi dito, sentir o que foi sentido por meio da pergunta de ouro e dar as boas-vindas ao sentimento, colocando a mão sobre o local do corpo onde ele está mais evidente e se conectando com os cinco recursos da Imunidade Emocional para aprender a dominá-lo.

Assim como fizemos com os recursos da Imunidade Emocional, o método da modelagem é excelente para ajustar e melhorar suas três partes. Tenho alguns modelos para cada parte e sempre que possível identifico novos modelos inspiradores para melhorar cada uma delas. Vale lembrar que os melhores modelos são pessoas que tenham um significado especial para você. Os modelos são sempre muito pessoais.

## FAIXA DAS TRÊS PARTES

Para facilitar a compreensão das três partes internas e para ajudar a promover os ajustes necessários em cada uma, fiz uma analogia com a graduação das faixas do jiu-jitsu, arte marcial na qual sou faixa-marrom e que pratico desde os 16 anos.

Há uma frase famosa que diz que "Todo faixa-preta já foi um faixa-branca que nunca desistiu". Às vezes, o ajuste das três partes é rápido, mas, em alguns casos, uma das partes é mais lenta, especialmente a do crítico interno. Isso acontece porque o nosso sistema de crenças e valores pode nos impedir de ajustar o crítico para que ele seja mais apoiador do que cobrador, cumprindo as suas três funções básicas: valorizar as nossas ações e condições positivas, aprender com gentileza e paciência, sem culpa excessiva, e nos ajudar a evoluir cada vez mais.

Algumas pessoas acreditam que não podem ter um crítico que não alimente a culpa diante do insucesso ou da não realização de metas. Como o crítico geralmente é modelado dos pais, há uma tendência inconsciente de mantê-lo do jeito que é em respeito a eles, em honra aos ensinamentos recebidos pela família. Eles podem pensar: *"Se eu não me cobro de forma dura (como o meu pai ou minha mãe faziam comigo ou para corresponder às expectativas deles), eu seria um irresponsável, uma pessoa desleixada"*.

Dessa forma, há que se ter paciência e persistência para ir ajustando cada uma das três partes e verificar quais são as crenças que estão mantendo o sonhador com uma autoimagem fragilizada e com pouca fé; o realizador, sem foco e ânimo para agir; e o crítico, com um autojulgamento severo, sem paciência e gentileza.

Vale lembrar que a melhor forma de ajustar as três partes é modelando, se inspirando no comportamento e no mindset de pessoas que para você sejam excelentes referências de crítico (autojulgamento), sonhador (fé e autoimagem) e realizador (capacidade de agir).

## Faixas de Graduação do Indivíduo como um todo

- **Branca**: muitos erros.
- **Azul:** mais erros do que acertos.
- **Roxa:** mais acertos do que erros.

- ▶ **Marrom:** muito mais acertos, quase sem erros.
- ▶ **Preta:** superação constante.

### Faixas do Sonhador

- ▶ **Branca:** pode parecer impossível. Os sonhos estão muito distantes. Pouca fé.
- ▶ **Azul:** é possível. Eu acho que consigo. A fé oscila quando as coisas dão errado.
- ▶ **Roxa:** eu vou conseguir! Fé mais constante.
- ▶ **Marrom:** tudo posso! Fé mais fortalecida e em crescimento.
- ▶ **Preta:** sou capaz de realizar o impossível! Fé inabalável.

### Faixas do Realizador

- ▶ **Branca:** depois eu faço. Preguiçoso e procrastinador.
- ▶ **Azul:** motivação para agir oscila. Começa a agir, mas ainda faz corpo mole.
- ▶ **Roxa:** estou cada vez mais animado com as minhas ações. Elas fortalecem minha fé e me dão ânimo para realizar cada vez mais.
- ▶ **Marrom:** missão dada é missão cumprida! Cumpre o planejado ou chega no seu limite. Alcança o sonhador.
- ▶ **Preta:** sonho e realizo, é só uma questão de tempo. Supera o sonhador, vai além do planejado, não para até que faça mais do que o padrão.

## Faixas do Crítico

- **Branca:** autopunição, culpa, ansiedade; você não permite erros, não se valoriza, tem baixa autoestima, nunca está satisfeito com o que faz.
- **Azul:** começa a apoiar o realizador, mas ainda há recaídas que geram ansiedade e pensamentos negativos que enfraquecem o sonhador.
- **Roxa:** tira o realizador da zona de conforto e dá apoio para que ele chegue no seu limite. Comemora os avanços e ajuda o sonhador a fortalecer a fé.
- **Marrom:** raramente permite que a ansiedade gere desgaste; consegue reverter o ânimo quando as coisas dão errado. Contribui cada vez mais com o sonhador e o realizador.
- **Preta:** aprende com os erros sem sofrer com remorso, domina a ansiedade, descansa sem culpa, valoriza os acertos. Blinda e apoia o sonhador e o realizador, eliminando pensamentos negativos e conectando-os com a alegria de superar os desafios.

Anote a seguir com quais faixas você se identifica neste momento. Depois, conforme você avançar na leitura deste livro, volte aqui para registrar seus avanços.

| Data | Minha faixa como um todo | Faixa do Sonhador | Faixa do Realizador | Faixa do Crítico |
|---|---|---|---|---|
|  |  |  |  |  |
|  |  |  |  |  |
|  |  |  |  |  |
|  |  |  |  |  |
|  |  |  |  |  |

## COMO LIDAR COM A RECORRÊNCIA DE ERROS E INSUCESSOS

Às vezes, as pessoas me perguntam: *"E quando repetimos por várias e várias vezes o mesmo deslize? Como lidar com a culpa?"*

A reincidência em erros é agravada justamente porque, desde a primeira vez que esse erro foi cometido, ele foi interpretado com um autojulgamento rígido, promovendo culpa, o que o impediu de aprender plenamente as lições que ele traria se você já tivesse desenvolvido um mindset estrategicamente positivo.

Quando você comete os mesmos erros e insucessos, há um acúmulo de culpas. Cada insucesso foi gerando cada vez mais culpa e, quanto maior a culpa, menor será a sua capacidade de aproveitar a oportunidade do erro para aprender tudo aquilo que ele potencialmente pode lhe ensinar.

É como se no primeiro erro ou insucesso você tivesse gerado alguns gramas de culpa, o que afetou a forma como você se julga, reduziu a sua autoimagem (*isso foi um fracasso*) e limitou a sua capacidade de aprender com aquele evento. No próximo erro, a raiva pela reincidência, junto com o acúmulo da culpa do erro anterior, gerou alguns quilos de culpa e uma deterioração da sua autoimagem (*o fracasso constante*). Em suma, menos aprendizado e mais ansiedade pela culpa acumulada. Na terceira vez que o insucesso acontece, somam-se a raiva da reincidência e a culpa acumulada de três erros, ou seja, toneladas de culpa nas suas costas, além da vergonha de perceber que as pessoas podem estar te julgando por tantos fracassos.

Foram apenas três insucessos, mas é como se fosse um milhão. Ainda que as pessoas não estejam te julgando, você mesmo antecipa esse julgamento e se rotula como um fracasso.

▶ Perceba que, no primeiro erro, a interpretação negativa, o julgamento, foi sobre o fato ocorrido, o erro: *Isso foi um fracasso*.

▶ Na segunda falha, a interpretação e esse autojulgamento geraram uma generalização do fracasso: *Eu sempre fracasso*.

▶ Na terceira ocorrência, houve a personalização do insucesso: *Eu sou um fracasso*.

Quando você começa a acreditar que é um fracasso, sua autoimagem está tão fragilizada e danificada que a autoconfiança desaparece, e junto com ela some a fé e até a força de vontade para agir.

Seja bem-vinda, procrastinação! *Se eu sou um fracasso, nem vou ter ânimo para agir! Eu sempre fracasso! Eu não vou conseguir.* Nesse caso, o pessimismo surge determinado a proteger você e evitar novas frustrações. As pessoas não se permitem acreditar que são capazes de superar as dificuldades e realizar os seus objetivos por causa do medo, que é gerado pela culpa de se frustrarem novamente. Como foi instaurado que você é um caso perdido, que é impossível — pelo menos para você — superar esse desafio, o desânimo e a autossabotagem fazem com que a disciplina seja algo impensável.

## O que fazer?

Aprender com os erros sem culpa excessiva, com paciência e gentileza, decidindo crescer com o insucesso e deixar o passado no passado.

**Perdão = paciência + fé + gentileza + autovalorização.**

Um dos principais erros que as pessoas cometem é o de tentar evitar os pensamentos e sentimentos que as incomodam. Elas fogem dos seus medos, tentam ignorar as suas preocupações e até se esquecem daquilo que gera culpa. Porém, todos os efeitos desses sentimentos, incluindo apreensão, angústia e até sintomas físicos, permanecem na sua vida.

Por isso, nesse momento, respire fundo e se faça a **pergunta de ouro** em voz alta, não apenas mentalmente: *Como eu estou me sentindo?*

As respostas podem ser as mais variadas: calmo, furioso, amedrontado, confiante, angustiado, leve, pesado, entusiasmado, desanimado, focado, perdido, inseguro, esperançoso.

E por que pensar sobre isso? Porque temos muito mais chances de resolver aquilo que compreendemos, que entendemos como nos incomoda. É praticamente impossível sanar um problema que não se compreende, que não se conhece, assim como é muito difícil tratar ou medicar uma doença desconhecida. Ademais, quando você desenvolve a capacidade de se conectar consigo mesmo, fica fácil perceber se algum aspecto da sua imunidade está fora da faixa de equilíbrio saudável, podendo ajustá-lo rapidamente. Por outro lado, quando está focado em resolver apenas coisas do lado de fora, você não reserva tempo para cuidar do que está dentro de si mesmo. Conhecer os pensamentos e sentimentos que o incomodam e o atrapalham é um hábito decisivo para aprender a lidar com eles e não permitir que o dominem.

*"Se você conhece o inimigo e conhece a si mesmo, não precisa temer o resultado de cem batalhas. Se você se conhece, mas não conhece o inimigo, para cada vitória ganha sofrerá também uma derrota. Se você não conhece nem o inimigo nem a si mesmo, perderá todas as batalhas."*

Sun Tzu, *A Arte da Guerra*

Quando me conectei com meus pensamentos e sentimentos, ampliei minha capacidade de entendê-los e superá-los. Perguntar mentalmente como estou me sentindo e, ao obter a resposta, dar as boas-vindas aos sentimentos experimentados foram passos que me ajudaram a tirar uma espécie de radiografia desses sentimentos e aliviá-los em mim.

Portanto, o melhor remédio para qualquer sentimento que esteja prejudicando seu sistema de Imunidade Emocional é recepcionar esse sentimento e perdoá-lo. Isso deve ser combinado com a paciência (cada coisa no seu tempo), a gentileza (eu não preciso ser tão duro comigo mesmo, todo mundo erra, e eu não preciso ser perfeito para realizar os meus sonhos), a fé (vai dar certo) e, sobretudo, a autovalorização (eu sei quem eu sou e sei o meu valor).

Você precisa blindar a sua autoimagem de tal forma que os acontecimentos externos não abalem o seu equilíbrio interno.

***Ainda que eu esteja em uma guerra aqui fora, decido cuidar da minha paz aqui dentro.***

Essa técnica pode ser usada preventivamente, ensaiando situações que geram estresse, ansiedade, medo, raiva, insegurança ou qualquer sentimento incômodo. Isso ajuda a prepará-lo para lidar com eles. Ela também pode ser aplicada à medida que surgirem as situações. O interessante é que quanto mais você colocá-la em prática, mais raros serão os momentos em que perderá sua Imunidade Emocional, ou a calma, a paciência, a paz de espírito, a confiança, a tranquilidade e a fé. E, nas raras vezes em que isso acontecer, será muito mais fácil e rápido restabelecer o seu equilíbrio interior.

## Como se comparar com outras pessoas afeta a sua autoimagem

Geralmente, os pais adotam a prática de comparar os seus filhos entre si e também com outras pessoas da família ou amigos. Existe aí a intenção positiva de estimular os filhos a se desenvolverem, a superarem a preguiça, a procrastinação e a falta de foco, porém, o resultado dessas comparações é a falta de habilidade para se autovalorizar.

Sempre que perceber outras pessoas "melhores" do que você em algum aspecto e isso o incomodar, trata-se de um nítido sinal de deficiência no recurso da autovalorização. E esse sentimento de inferioridade só desaparece quando compreendemos que a nossa maior competição é interna, que só precisamos nos superar continuamente em relação a nós mesmos, e sem a necessidade de nos sentirmos inferiores porque alguém está mais evoluído em algum aspecto.

Com esse foco, você passa a olhar as outras pessoas para aprender com elas, para admirá-las, ou até para perceber o que elas estão fazendo de certo ou errado, e aprender com isso. É uma verdadeira libertação não precisar mais competir com o mundo e perceber que algumas pessoas estão mais avançadas, enquanto outras estão mais atrasadas, e isso, na verdade, não interfere na sua jornada.

Se você chega na academia e percebe que alguém tem um corpo mais bonito que o seu, que pega mais peso do que você ou que corre mais do que você, parabéns para essa pessoa. Inspire-se nela para que possa se superar no seu tempo, mas não permita que haja qualquer comparação entre vocês. Cada um vive a sua vida, trilhando o seu caminho no seu tempo e do seu jeito.

Finalmente, você não precisa se concentrar em ser o melhor para ter sucesso na vida e se sentir feliz, basta que se comprometa diariamente em ser o seu melhor, cada vez melhor, e esse processo evolutivo ganhará uma velocidade e uma consistência incríveis.

**Nunca se compare com ninguém!**

## COMO LIDAR COM A OPINIÃO ALHEIA

Pessoas condicionadas por padrões de cobrança podem desenvolver uma grande dificuldade de receber elogios, que podem ser interpretados, por exemplo, como uma forma de incentivo falso, como se a pessoa só estivesse querendo falar algo positivo sobre você para te motivar, mas sem acreditar naquilo. Os elogios também podem se tornar uma fonte de cobrança interna excessiva, pois quem não tem o recurso da autovalorização fortalecido acaba criando a ideia de que é preciso tornar o elogio uma verdade, coisa que ele ainda não é (na sua cabeça), para, assim, corresponder às expectativas da pessoa que o elogiou. O não atendimento das expectativas externas é compreendido como um desapontamento, uma decepção, uma quebra na confiança de quem as criou.

A necessidade de aceitação é uma das mais fundamentais dos seres humanos. Tendemos a fazer ou deixar de fazer muita coisa na vida para sermos aceitos. Isso começa desde a infância, na família, e passamos a vida toda criando um mindset para a aceitação. Justamente por isso é que o crítico interno é moldado para atender ao padrão de cobrança ou expectativa dos pais, amigos, família, chefe, colegas de trabalho e da sociedade.

Os padrões de cobrança e expectativas excessivas também afetam a capacidade das pessoas de lidar com críticas. O fato é que, quando o recurso da autovalorização está bem fortalecido, junto com a paz de espírito, a gentileza e a paciência, nos blindamos tanto dos elogios quanto das críticas alheias. Esses dois fatores podem ser prejudiciais para o nosso alinhamento interno ou para manter a Imunidade Emocional.

Se você depende do elogio externo para se sentir valorizado e feliz sobre as suas ações, torna-se um refém da valorização externa, e quando ela não vier, não será capaz de se valorizar. Se você permite que a crítica alheia o abale, sempre que qualquer pessoa discordar de você e, positiva ou negativamente, apontar os seus erros, vai se sentir desvalorizado.

Por isso, você mesmo precisa ser a primeira pessoa do mundo a saber qual é o seu valor, e isso não é um ato de arrogância ou prepotência. Tenha a consciência de que nunca será perfeito, sempre haverá o que aprender e melhorar. Mas enquanto não souber do que é capaz, da sua competência, dos seus conhecimentos e habilidades, da sua força, da sua capacidade de superação, se sentirá pequeno diante dos desafios.

Algumas pessoas tentam criar uma imagem externa de superioridade, de perfeição e ausência de erros, e isso muitas vezes acontece para compensar a sua autoimagem fraca e pequena.

Quando você não sabe quem é, quando não sabe o seu valor, suas capacidades e competências, pode enfrentar desafios achando que está preparado para superá-los, quando não está, e gerar uma frustração pelo insucesso diante de algo em que você, naquele momento, não tinha condições de obter êxito. Porém, o que mais acontece é o inverso. Por não saber o seu valor, por não conseguir valorizar a sua história, as pessoas hesitam e até desistem de enfrentar os seus desafios.

*Ter plena consciência de quem você é e do que é capaz vai ajudá-lo a buscar desafios passíveis de superação, e sempre que se deparar com aqueles para os quais ainda não está pronto, você terá a oportunidade de se melhorar para enfrentá-lo, tendo sucesso sobre ele.*

A seguir, seguem alguns mantras fundamentais para praticar diariamente com o objetivo de manter a autoimagem fortalecida. Experimente ler uma linha de cada vez, fazendo uma respiração um pouco mais profunda e refletindo sobre cada frase:

▶ *Eu sei quem sou! Eu sei o meu valor!*

▶ *Eu sei quem fui e quem serei!*

▶ *Eu sou o dono da régua que me mede!*

- *Eu me valorizo e valorizo as minhas ações!*
- *Com a alegria do que faço hoje, farei ainda mais amanhã!*
- *Ainda que as pessoas não me valorizem, eu me valorizo!*
- *Eu não preciso ser perfeito, ninguém é, mas posso aprender com os meus erros e evoluir, deixando o passado para trás!*
- *Eu me perdoo pelos meus erros, pois todo mundo erra, e posso aprender com eles por meio da gentileza e da paciência!*
- *Eu valorizo as minhas conquistas e a minha história!*
- *Eu sei o valor dos meus sonhos, ainda que as pessoas não vejam valor neles!*
- *Não sou pior nem melhor que ninguém!*
- *Vivo a minha vida, escrevo a minha história!*
- *As críticas alheias não me definem!*
- *Os elogios alheios não me definem, eu sei quem eu sou!*
- *Tudo acontece no tempo certo, nem antes e nem depois!*
- *Há tempo de plantar, de cuidar e de colher!*
- *Ainda que eu esteja em uma guerra, decido me manter em paz!*

Nesses mantras, é possível perceber a presença dos cinco recursos da Imunidade Emocional. Tente praticar a leitura dessas linhas uma vez ao dia e reflita um pouco sobre elas. Talvez em um dia você possa se identificar mais com um trecho do que com outro, mas diariamente alguma parte desse texto vai ajudá-lo a manter o seu alinhamento e equilíbrio interno para viver cada vez melhor.

## Cartaz da sua história de vida

Um recurso necessário para que você seja o dono da régua que o mede é a releitura da sua história de vida, lembrando-se de tudo o que conquistou, superou e realizou. Muitas pessoas passam pela vida deixando suas medalhas no chão, mas para fortalecer a sua capacidade de autovalorização, é essencial se conectar com a alegria de ser quem você é. Talvez as suas realizações sejam simples e banais para as outras pessoas, mas é você quem deve valorizá-las.

O cartaz da sua história é uma ferramenta que se monta aos poucos, que se compõe sem pressa. Enquanto o cartaz dos sonhos (que irei explicar no próximo capítulo) aponta para o futuro, o cartaz da história aponta para o passado. Interessante é que o cartaz dos sonhos de hoje será o cartaz da história de amanhã.

Então, pense nos momentos mais significativos da sua história: pode ser a conquista da carteira de motorista, a conclusão de um curso, o seu casamento, ou o término de uma relação que te fazia mal... não importa o tamanho da conquista diante da sociedade; o que conta é como você se sente, é como você enxerga esses momentos da sua vida. Esse é um ritual simples e que não vai tomar muito tempo, mas que vai lembrá-lo de celebrar cada linha de chegada que cruzou na sua vida, e só você sabe o valor de ter corrido essa maratona.

Ter plena consciência de quem você é e do que é capaz vai ajudá-lo a buscar desafios passíveis de superação, e sempre que se deparar com aqueles para os quais ainda não está pronto, você terá a oportunidade de se melhorar para enfrentá-lo, tendo sucesso sobre ele.

◯ @lima.felipe

**CAPÍTULO 3**

# COMO DEFINIR O QUE SERÁ MUDADO NA SUA VIDA

Se eu fosse um gênio da lâmpada mágica e você pudesse me pedir qualquer coisa, o que você gostaria de mudar imediatamente na sua vida?

Quando faço essa pergunta, algumas pessoas pedem sucesso, outras pedem condições para o sucesso. Alguns pedem dinheiro, outros pedem inteligência financeira. Alguns pedem um corpo "perfeito", forte, sarado; outros pedem disciplina para manter os treinos na academia e cumprir a dieta. Alguns pedem para chegar ao topo da montanha, outros pedem os equipamentos necessários para fazer essa escalada. Alguns pedem facilidades, outros pedem possibilidades e viabilidades.

Em resumo, algumas pessoas pedem o peixe limpo, temperado, cozido e servido em um prato, com garfo e faca disponíveis, pronto para comer. Outros pedem as habilidades, capacidades e conhecimentos necessários para pescar o peixe, temperá-lo, cozinhá-lo, servi-lo e saboreá-lo.

Se você foca na facilidade, em ter os seus objetivos realizados instantaneamente, lamento dizer que isso é impossível. Eu, Felipe, não tenho como realizar os **seus** objetivos de vida, mas posso ajudá-lo a aproveitar e criar todas as condições necessárias para que você possa realizá-los.

Por isso, peço que dedique um minuto para pensar com paciência e gentileza sobre o que gostaria de mudar na sua vida. Pense nos seus hábitos, crenças, habilidades, competências, dificuldades e desafios. Para ajudá-lo, elaborei duas listas para você marcar o que percebe na sua vida e que gostaria de fazer diferente:

## IMUNIDADE **EMOCIONAL**

- [ ] *Ansiedade*
- [ ] *Indisciplina*
- [ ] *Procrastinação*
- [ ] *Falta de foco*
- [ ] *Insegurança*
- [ ] *Impaciência*
- [ ] *Desânimo*
- [ ] *Perfeccionismo*
- [ ] *Sentimento de incompetência*
- [ ] *Estagnação na vida*
- [ ] *Falta de disposição física e mental*
- [ ] *Cobrança interna excessiva*
- [ ] *Cobrança externa excessiva*
- [ ] *Vergonha do julgamento alheio*
- [ ] *Preocupação excessiva com a opinião das outras pessoas*
- [ ] *Timidez*
- [ ] *Comparações com outras pessoas*
- [ ] *Falta de apoio da família*
- [ ] *Raiva*
- [ ] *Culpa excessiva*

☐ *Falta de autoconfiança*

☐ *Indecisão*

☐ *Falta de autovalorização*

☐ *Falta de concentração*

☐ *Lentidão para aprender*

☐ *Memória ineficiente para aprendizado*

☐ *Baixo rendimento nos estudos*

☐ *Insegurança sobre os métodos de estudo*

☐ *Dificuldade para revisar o que foi estudado*

☐ *Sentimento de perturbação quando recebe críticas externas*

Agora, marque quais **medos** você ainda não consegue dominar na sua vida e que acabam te prejudicando:

☐ **Rejeição:** medo de não ser aceito.

☐ **Frustração:** medo de fracassar, de não ter sucesso na vida.

☐ **Culpa:** medo de fracassar outra vez.

☐ **Vergonha e decepção:** medo do julgamento das outras pessoas.

☐ **Atraso:** medo de não dar tempo, de demorar demais para realizar os seus objetivos; comparações com outras pessoas que já conquistaram o sucesso.

☐ **Incompetência:** medo de não ser tão bom quanto as outras pessoas.

- ☐ **Impotência:** medo de não encontrar a solução para os seus problemas.
- ☐ **Perfeccionismo:** medo de errar ou de não ser bom o suficiente.
- ☐ **Esquecimento:** medo de não conseguir lembrar-se de tudo na hora da prova ou de outra ocasião importante.
- ☐ **Insegurança:** medo motivado pela falta de autoconfiança, por não acreditar em si mesmo.
- ☐ **Desorganização:** medo de não conseguir estudar ou trabalhar do modo mais eficiente.
- ☐ **Indecisão:** medo de perder oportunidades ou de fazer escolhas erradas.
- ☐ **Incerteza:** medo do futuro, de não saber se será capaz de ter sucesso.

Por fim, anote no espaço a seguir se você tem outros medos, além dos citados acima, e que você gostaria de eliminar da sua realidade:

..................................................................................................................................

..................................................................................................................................

..................................................................................................................................

..................................................................................................................................

..................................................................................................................................

..................................................................................................................................

Agora que você já fez a primeira rodada da sua lista de mudanças, pode revê-la tentando identificar quais foram os itens que já caíram no **conformismo**, o que você já aceita como imutável na sua vida e que talvez nem conste na lista.

Geralmente, na primeira rodada, as pessoas me pedem para ser mais organizadas, ter mais disciplina, menos preguiça e procrastinação, mais capacidade de aproveitar o tempo.

No fundo, **as pessoas normalmente evitam olhar para aquilo que mais importa e mais precisa de mudanças em suas vidas,** por se tratar de algo incômodo. Não é nada agradável buscar a fonte daquilo que gera ansiedade, que nos trava e nos limita de viver uma vida plena.

........................................................................................................................

........................................................................................................................

........................................................................................................................

........................................................................................................................

........................................................................................................................

........................................................................................................................

Em uma segunda olhada para essa lista de mudanças, aparecem itens como controlar melhor a ansiedade, preocupar-se menos com os problemas, sofrer menos por antecipação, ter mais tempo para a família, dedicar-se mais e com melhores estratégias para o seu sucesso, ter mais persistência para fazer dar certo até dar certo.

Olhe uma terceira vez para sua lista de mudanças. Agora, em geral, é quando surgem os pensamentos e sentimentos que frequentemente evitamos: lidar melhor com a culpa, medo, cobranças internas e externas, sentimentos de inferioridade e incompetência, comparação com outras pessoas, impaciência, perfeccionismo, frustração, raiva, rancor falta de autoconfiança e autoestima.

Por isso, por favor, dê mais uma olhada na sua lista de mudanças para ter certeza de que está conseguindo identificar todos os itens realmente importantes e prioritários na sua vida. Por vezes, dedicamos tempo e energia para realizar coisas insignificantes, deixando de lado as ações que trariam resultados duradouros e essenciais em nossas vidas.

...................................................................................................................................

...................................................................................................................................

...................................................................................................................................

...................................................................................................................................

...................................................................................................................................

...................................................................................................................................

...................................................................................................................................

Sugiro que vire um hábito essa ação de revisar a sua lista de mudanças. Todo primeiro dia do mês, dê uma boa olhada nessa lista de mudanças e avalie como andam as ações e os resultados obtidos para mudar cada um desses itens. Algumas mudanças acontecem do dia para a noite, como algo que se encaixa na sua mente, e dá até para ouvir o estalo desse ajuste. Outras mudanças vão precisar de bastante paciência e persistência para que possam acontecer em plenitude na sua vida. Há ainda as mudanças que não se mantêm como hábitos duradouros e, por isso, voltam, trazendo os mesmos prejuízos.

Neste livro, estamos em uma jornada para promover as transformações internas e externas necessárias para que a sua lista de mudanças evolua. Sempre haverá o que mudar, o que melhorar, o que criar ou eliminar, mas que essas mudanças sejam sempre novas, e que você possa viver a sua vida cada vez mais e melhor, de um jeito bom que lhe faça bem. Talvez você não consiga mudar tudo o que precisa logo no primeiro momento, mas garanto que as mudanças conquistadas com os métodos e ferramentas aqui descritos já trarão grandes transformações na sua vida, e aí você vai evoluindo um pouco de cada vez.

## Como e onde estou?

Tente observar a sua vida como se você fosse outra pessoa, como se observasse a vida de um amigo seu. Neste exercício, procure identificar a sua situação atual, os seus pontos fortes e fracos (internos), as suas oportunidades e ameaças (externos). Aproveite a lista de mudanças elaborada e use-a para conseguir entender melhor quais são as suas condições, obstáculos, o que está travando ou limitando sua melhor performance. Escreva sobre isso a seguir:

Você pode citar que falta apoio da família, que falta tempo e dinheiro, que não gosta do seu trabalho ou que não tem um emprego, que sente desânimo, que a sua família é contra a realização dos seus sonhos, que você se cobra muito pelos seus erros, que frequentemente procrastina a execução das ações para o seu sucesso, que está tendo resultados cada vez piores na sua vida.

Imagine uma conversa entre você e a sua versão do futuro sobre cada elemento que acabou de escrever e pergunte a ela como pode aprender a lidar melhor com cada desafio. Cada item citado é uma oportunidade de desenvolver a si mesmo. Quando você vence a falta de apoio da família, por exemplo, acaba desenvolvendo a habilidade de se apoiar e de não depender da aprovação ou suporte externos. Quando aprende a manter a calma em tempos de crise, desenvolve a capacidade de manter a paz interior a qualquer tempo e de manter o foco nas soluções, não nos problemas. Quando aprende a lidar com o pouco tempo disponível, cria uma capacidade de aproveitar melhor cada minuto do dia.

Toda jornada começa com a definição de onde estamos e aonde queremos chegar. O engraçado é que, por mais que façamos planos e tomemos ações para fazer dar certo até dar certo na realização dos objetivos definidos, o destino pode ser completamente diferente do inicialmente imaginado. Mas essa energia pela busca dos objetivos é fundamental para a realização da viagem. Eu posso planejar ir a um país distante, e com essa força de vontade ter muita energia para viajar para longe. Talvez eu conheça outros países, mas jamais chegaria tão longe se meus planos iniciais fossem ir até a cidade vizinha.

## CARTAZ DOS SONHOS

O primeiro passo para promover uma mudança é definir onde estamos e para onde vamos, identificando o estado atual e o estado desejado. Nesse sentido, uma das melhores ferramentas para desenvolver e manter a sua disciplina é o **cartaz dos sonhos**. Trata-se de um mosaico com imagens (não palavras) dos seus sonhos. Você pode criá-lo em um arquivo no computador, buscando imagens na internet, ou pode imprimir as imagens e montar no papel.

Apesar de muito simples, trata-se de um exercício extremamente transformador. Para que você tenha uma ideia da importância dessa ferramenta, eu só faço a primeira sessão de coaching depois que meus coachees elaboram esse cartaz dos sonhos e o colocam em um local visível. A maioria deles relata que não colocava fé na ação de encontrar imagens que representassem os seus sonhos, mas durante a elaboração do cartaz, quando você pergunta ao seu coração o que quer da vida, as respostas começam a surgir. A experiência de procurar por essas imagens é fantástica, é um modo de materializar seus sonhos. Esse mosaico com as imagens, que têm a intenção de ser um espelho do que o seu coração pede, é a base da energia que mantém o **sonhador** interno ativado. Muitas pessoas não fazem o cartaz dos sonhos por três razões simples:

1. Acham que isso não vai mudar nada, não acreditam na efetividade da ferramenta.

2. Têm vergonha do que os outros vão pensar ou falar dos seus sonhos, temem que achem tudo aquilo um sonho grande ou ridículo demais.

**3.** Têm medo de não conseguirem realizar os seus sonhos e se frustrarem por terem estabelecido objetivos inalcançáveis.

---

Meus mais de dezoito anos como coach me comprovaram que o cartaz dos sonhos é uma ferramenta que nos incomoda no bom sentido, ele nos chama para agir, nos convida a realizar ações. Leva-se pouco tempo para elaborá-lo, e ele nos permite manter uma conexão com os nossos objetivos e nos ajuda a manter o foco.

Certa vez, ouvi uma história sobre a diferença entre o Sol e uma vela. O Sol tem uma energia gigantesca, incalculável, enquanto a vela tem uma energia ínfima. No entanto, ela consegue fazer a água ferver em uma panela, enquanto o Sol, não. O cartaz dos sonhos nos ajuda a manter o foco da vela e a potência do Sol.

Com o tempo, as pessoas começam a colecionar cartazes dos sonhos e a criar esse ritual de planejar, agir e realizar, e toda vez que um novo cartaz dos sonhos é elaborado, cria-se o sentimento de confiança pelas tantas vezes que planejou, agiu e realizou, com paciência, persistência, foco e fé inabaláveis.

Sobre as pessoas que sentem **vergonha** dos seus sonhos e se preocupam com a opinião alheia sobre o cartaz dos sonhos, é preciso reforçar os recursos da autovalorização e da paz de espírito para blindar a sua autoimagem e manter a imunidade sobre os fatores externos. Uma coisa é você manter a sua capacidade de ouvir as pessoas e filtrar o que entra e o que fica lá fora, o que não lhe faz bem, outra coisa é se sentir mal por algum comentário alheio. Aquilo que as pessoas pensam sobre você não muda a sua vida.

Sobre as pessoas que sentem **medo** de elaborar o cartaz dos sonhos e nunca conseguir realizá-lo, vale lembrar que se trata de uma fonte de energia e inspiração. Muitas vezes, você vai realizar coisas completamente diferentes do que colocou no cartaz, mas a energia que veio dos seus sonhos iniciais foi necessária para que você fizesse essa viagem. Há que se interpretar o cartaz justamente como um tanque de combustível que fornece a gasolina necessária para as ações. Talvez você tenha enchido o tanque do seu carro com a intenção de fazer uma viagem a determinada cidade, mas, no meio do caminho, decidiu mudar de destino. Sem a gasolina inicial, você não teria chegado a lugar nenhum. Muitas vezes, vai realizar os seus objetivos em uma proporção maior ou menor que o planejado, mas a energia do seu cartaz dos sonhos foi necessária para que começasse a cumprir a missão de chegar na sua visão. No fim das contas, o cartaz dos sonhos é uma ferramenta que vai lhe dar, diariamente, uma carga de energia caso dedique um minuto para imaginar a realização de cada um dos itens contidos nele. O segredo aqui é a intensidade da conexão.

Pessoas com a autoimagem abalada pela culpa e ansiedade olham para o cartaz dos sonhos e se sentem angustiadas e até impotentes pela demora ou pelas dificuldades para realizar os seus sonhos. A ansiedade é a sujeira que dificulta tudo, que distorce a nossa capacidade de visualizar e aproveitar as possibilidades. Dedique-se a eliminar a ansiedade, a dominar completamente tudo aquilo que gera ansiedade na sua vida, e o seu cartaz dos sonhos terá ainda mais força sobre o seu **sonhador,** para que ele se mantenha energizado para converter o sonho em força de vontade, para que o **realizador** trabalhe cada vez mais com a orientação do **crítico**.

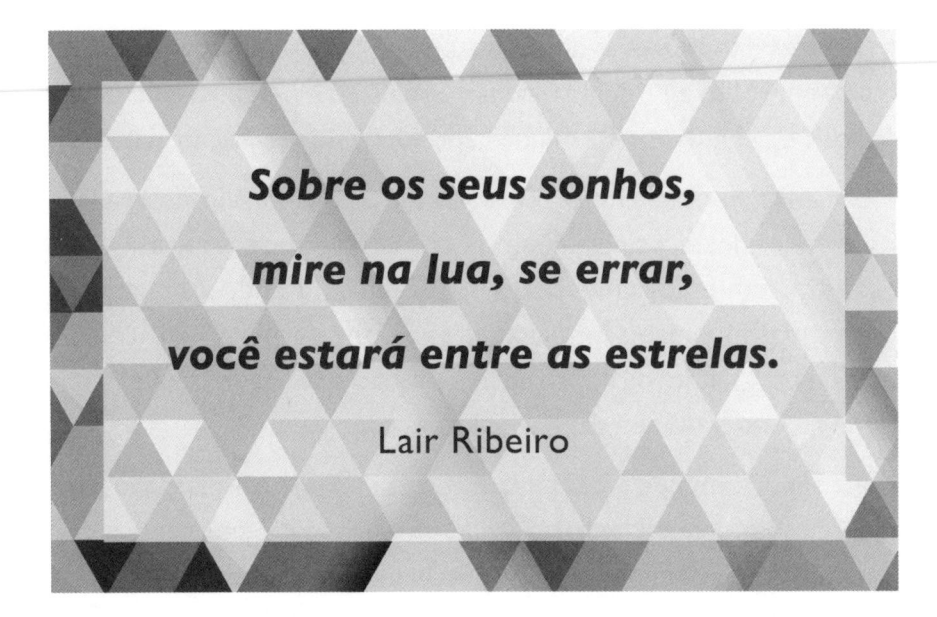

> **Sobre os seus sonhos, mire na lua, se errar, você estará entre as estrelas.**
>
> Lair Ribeiro

Uma dica importante é nunca definir apenas objetivos possíveis, fáceis. Aquilo que não o desafia não o faz crescer. Defina metas que exijam superação, para que você se transforme em uma pessoa ainda mais preparada e, aí sim, seja capaz de transformar esses objetivos em realidade.

Você pode colocar uma meta financeira de 30 mil reais no seu cartaz dos sonhos, e talvez consiga alcançar uma renda de 20 mil em determinado período. Com o condicionamento do mindset de um crítico interno apoiador, você pode interpretar esse resultado positivamente, compreendendo que, se não tivesse o cartaz dos sonhos, talvez só conseguisse 10 ou 15 mil reais.

A minha experiência prática com o uso do cartaz dos sonhos mostra que sempre sonhei alto, e por mais alto que sonhasse, as **minhas realizações foram sempre muito maiores**. As pessoas sempre me acusaram de ter um **sonhador** grande, mas o que elas não sabiam é que o meu **realizador** é ainda maior. Jamais sonhei tão alto quanto consigo realizar, e percebo que, quanto mais eu sonho, mais a minha capacidade de realização aumenta.

Quando você enche o seu coração com o desejo de realizar os seus sonhos e, principalmente, com a alegria de fazer as coisas acontecerem gradualmente, com paciência, usando os cinco recursos da Imunidade Emocional, não sobra espaço nem tempo para sentir medo ou frustração por não conseguir realizar um item ou outro do seu cartaz dos sonhos.

O alinhamento do **crítico** interno apoiador é decisivo para manter o seu **sonhador** focado nos itens do seu cartaz dos sonhos, e principalmente para que haja a interpretação e valorização positiva das ações e dos avanços do **realizador**.

Consulte o seu coração, elabore o seu cartaz dos sonhos, escolha com muito carinho cada imagem que vai nele, coloque-o em um local visível. Para tornar esses planos realidade, **conexão** é a palavra-chave. Ao expor o cartaz em um local visível, você se conecta diariamente com seus sonhos, o que confere a força necessária para manter seu **realizador** operando. Muitos dos meus coachees afirmam que sempre conseguiam esticar mais meia hora ou uma hora por dia de trabalho, deixando o cansaço de lado, buscando inspiração e força de vontade em seus sonhos. O ato de olhar para o que deseja conquistar dá disposição física e mental e traz um descanso natural.

Diariamente, escolha um item específico do seu cartaz dos sonhos e vivencie-o mentalmente. Não poupe detalhes na sua criação. Você pode se conectar com a alegria da realização desse item e perceber como será realizá-lo. Não se preocupe sobre quando ou se será capaz de realizar tudo, apenas use a energia, a força de vontade que vem dele, para que possa agir e fazer o seu melhor, um dia de cada vez, no seu tempo, do seu jeito. Você vai se surpreender com o aumento do seu foco e da sua capacidade de realização na vida, principalmente mantendo a fé e a confiança, a paciência e a gentileza para persistir, e a paz de espírito enquanto busca a realização dos seus sonhos.

## A divulgação do cartaz dos sonhos

Eu sempre insisto na necessidade de que o cartaz dos sonhos seja divulgado com os seus aliados rumo ao sucesso: família, cônjuge e amigos mais próximos. Porém, muitas pessoas relutam em divulgá-lo, justamente pelo medo do julgamento alheio. Ao mostrar seu cartaz dos sonhos para as outras pessoas, três reações são comuns, e nunca se sabe realmente quem vai ter cada uma delas:

1. **Indiferença:** algumas pessoas vão olhar para o seu cartaz dos sonhos, lhe dar um sorriso amarelo e um seco *parabéns*. Neste caso, mantenha a sua autovalorização para entender que nem todo mundo é obrigado a apoiá-lo na busca pela realização dos seus sonhos. Ao menos seja grato por elas não estarem te atrapalhando, e perceba que o maior apoio para a realização dos seus sonhos tem de vir de você mesmo, e não dos outros. Você precisa se apoiar 100% na busca pela realização dos seus próprios sonhos. Se mais alguém, além de você mesmo, resolver apoiá-lo, esse apoio é algo extra, algo que não fará falta se essas pessoas mudarem de ideia e resolverem não o apoiar mais.

2. **Críticas negativas:** outras pessoas vão olhar para o seu cartaz dos sonhos e gargalhar, fazer comentários inconvenientes ou até maldosos; essa energia, se você aprender a usá-la, é fantástica! Toda vez que receber um comentário negativo com um tom de desdém pelo seu cartaz dos sonhos, isso será uma forte fonte de energia para manter suas ações ainda mais firmes em busca do sucesso.

3. **Apoio:** você vai se surpreender com o apoio que algumas pessoas podem lhe dar. Se não souber lidar com os dois tipos de reações anteriores (indiferença e crítica negativa), você não vai ter a alegria de receber o apoio das pessoas que ficariam alheias aos seus sonhos por eles permanecerem em sigilo. Isso funciona como um garimpo: você vai encontrar barro e pedras sem valor, mas, se persistir, poderá encontrar ouro.

## Conexão com a versão do futuro

Com o mosaico das imagens que simbolizam os seus sonhos em mãos, você começa a criar essa conexão com o futuro, com o seu destino. O cartaz dos sonhos traz os nossos objetivos, mas, no fundo, o que mais importa é quem nos tornamos, o que aprendemos para que sejamos capazes de realizar esses sonhos.

A sua versão do futuro é você lá na frente, com boa parte dos itens do seu cartaz já realizada, ou outras conquistas que você nem imaginava, mas principalmente com todas as mudanças necessárias para uma vida melhor. Então, feche seus olhos e imagine como será a sua vida em alguns anos, veja o que fará ao longo do dia, onde estará, com quem.

## DESCREVA-SE COMO GOSTARIA DE SER: COM MAIS FOCO, DISCIPLINA, PACIÊNCIA, PAZ, SEGURANÇA, CONFIANÇA, FELICIDADE E LEVEZA.

É necessário criar um convívio imaginário com a sua versão do futuro, que pode te orientar sobre os seus atuais desafios e necessidades de mudanças. Crie um alarme no seu celular para que dedique alguns minutos todos os dias para se conectar com o seu eu do futuro e criar um diálogo imaginário com a sua versão ainda mais evoluída.

Em um processo de coaching, percebemos que as melhores respostas vêm de nós mesmos. E é por isso que é tão importante fazer as perguntas certas para encontrar as soluções mais adequadas. É uma viagem para organizar o quebra-cabeça interno usando as peças que já temos, adicionando alguns recursos, ajustando a organização delas em busca da excelência.

Você vai perceber os resultados excelentes dessa simples prática: todos os dias da sua vida, dedique alguns segundos para dar um bom-dia (na verdade, um ótimo dia, porque bom-dia é para os fracos) e se conectar com a sua versão do futuro, ouvi-la e até modelá-la, copiar as suas características positivas, os seus comportamentos e hábitos benéficos, o seu mindset estratégico.

A conexão com a sua versão do futuro vai reforçar a sua crença inconsciente de que a vida pode ser (e será) diferente e gerar uma intenção positiva para que possa promover os ajustes necessários na sua versão de hoje para que ela melhore e se pareça cada vez mais com a sua versão do futuro.

**CAPÍTULO 4**

# PASSO A PASSO RUMO ÀS MUDANÇAS

Agora vamos desatar alguns dos nós que travam as pessoas, começando pela campeã de audiência nas sessões de coaching: a culpa.

Há vários aspectos e nuances sobre cada um dos nossos bloqueios, travas, crenças limitantes e mindsets sabotadores. A minha intenção aqui não é esgotar todas as possibilidades e características de cada nó interno a ser desatado, mas trazer alternativas para resolver aquilo que nos impede de ter uma vida melhor, com mais realizações e alegrias.

## De que você precisa se perdoar? E perdoar outras pessoas?

Essas perguntas raramente ficam sem resposta. Dê um passeio no seu passado e tente se lembrar de algo que ainda lhe traz incômodo, que causa um aperto no peito, um desconforto.

Tudo o que ainda traz incômodo em relação ao seu passado, cedo ou tarde, pode afetar as suas ações e decisões do presente rumo às realizações do futuro. Tentar simplesmente ignorar e se esquecer do que aconteceu de ruim no passado é como empurrar a poeira para debaixo do tapete.

Se no passado há culpa, certamente no futuro haverá medo de enfrentar mais momentos de frustração, e esse medo irá minar sua autoconfiança, limitando e travando suas ações, levando a procrastinação, autossabotagem, perda de performance ou até desistência de algumas ações que seriam importantes pra você.

O perdão é a chave que vai libertá-lo do rancor, da raiva, da culpa e de outros tantos sentimentos negativos. Cada pessoa que cruza o seu caminho traz aquilo que ela tem para dar, nem mais, nem menos. Cada um traz também aquilo que você precisa receber. É como se todos com que você tem a oportunidade de conviver, de alguma forma, tivessem a missão de lhe ensinar algo.

Perdoe antes de tudo, porque você não merece guardar rancores e sentimentos negativos, mas também porque essas pessoas têm um papel estratégico na sua vida. Julgá-las só vai impedir que você aprenda de forma plena aquilo que elas vieram lhe ensinar. Quando decidimos perdoar, a nós ou aos outros, nos livramos de um peso enorme.

## LIMPEZA INICIAL: COMECE PELA ANSIEDADE

Às vezes, nós nos concentramos em promover mudanças, alcançar metas, fazer as coisas acontecerem e realizar nossos objetivos, mas vemos nosso potencial reduzido pela ansiedade.

Então, para começar, vamos trabalhar quatro aspectos:

1. **Disciplina:** disposição física e mental para manter o foco nas ações estratégicas.

2. **Gerenciamento do tempo:** como aproveitar melhor o tempo para ações importantes e prioritárias.

3. **Eficiência na aprendizagem:** o estímulo da memória, tanto para aprender quanto para lembrar; concentração para uma leitura eficiente, prazerosa e ágil. Independentemente do

que você faça na vida, de qual carreira você esteja trilhando, aprender é uma competência essencial para manter o sucesso.

**4. O controle da ansiedade:** a Imunidade Emocional.

Ao longo dos anos, concluí que o primeiro aspecto a ser trabalhado em um processo de coaching é o controle da ansiedade, visto que jamais teremos uma disciplina plena, um exímio gerenciamento do tempo e um aprendizado de qualidade se permitirmos que a ansiedade nos domine e nos desgaste.

Tentar aumentar o nível de motivação, força de vontade, disciplina e até disposição física e mental sem antes aprender a lidar com tudo o que gera ansiedade é como melhorar o motor do carro, mas mantê-lo com o freio de mão puxado e com carga extra no porta-malas.

Quando aprendemos a lidar com os aspectos que geram ansiedade, é como se limpássemos a casa para poder melhorá-la, tirando tudo que é desnecessário e nos permitindo usar toda a nossa energia de forma produtiva, em busca de melhores resultados e realizações.

Entretanto, o problema é a pressa em resolver as coisas. Tudo tem de ser logo, rápido, de uma vez. A comida tem de ser instantânea — superamos o fast-food —, a comunicação tem de ser instantânea — vide aplicativos como WhatsApp. As pessoas não querem mais esperar, porque esperar se tornou sinônimo de perder tempo. Acontece que não é possível erguer uma casa sem fazer sua fundação, o alicerce que vai sustentar tudo o que virá por cima.

Não cuidar daquilo que gera ansiedade antes de resolver os outros aspectos da sua vida é como tentar correr com uma bola de ferro presa aos pés e com um saco de areia nas costas. Você nunca terá o mesmo desempenho nas suas ações se estiver desperdiçando tempo, energia e foco com preocupações, insegurança, impaciência, perfeccionismo, medo, culpa, raiva, cobrança interna excessiva e pressões externas.

Tudo isso gera ansiedade, e os impactos disso podem ser sentidos no corpo. Inúmeras enfermidades têm origem psicossomática, ou seja, são originadas pelo estresse, pela incapacidade de lidarmos com aquilo que nos gera ansiedade. Sentimentos como raiva, tristeza, frustração e até medo, se não forem controlados, podem atacar a nossa imunidade física. Ou seja, quando estamos emocionalmente desorganizados, desalinhados, o corpo também paga o preço.

Para ilustrar a situação, vou contar uma história real. Uma querida amiga revelou que estava com dificuldade de emagrecer pelo seu alto grau de ansiedade. Ela fez um acompanhamento médico, e por meio de exames descobriu que o seu metabolismo se mantinha acelerado ao longo do dia. Quando ela assistia TV, no conforto de sua casa, era o mesmo que estar correndo na esteira. Ela tinha duas opções: aprender a controlar a ansiedade ou aumentar a intensidade dos exercícios físicos. A segunda opção era inviável por demandar ainda mais tempo na academia, pelos limites físicos do corpo e pelo aumento da possibilidade de lesões. Controlando a ansiedade, os quilos se foram com mais facilidade, mas, acima de tudo, ela adotou um jeito bom de viver bem, leve e sem as preocupações que tornavam o dia longo, cansativo e pesado.

## COMO CONTROLAR A RAIVA

A raiva sempre é gerada por algo anterior. Por isso, identificar o que está provocando esse sentimento é fundamental para cortar a chama que alimenta esse fogo tão desgastante. Sempre ouvi que ter raiva de alguém é como tomar veneno e querer que o outro morra. O pior é quando sentimos raiva de nós mesmos!

- *Eu mereço o meu fracasso!*
- *Eu sou um incompetente, incapaz!*
- *Eu me envergonho de quem eu sou e da minha incompetência!*

Essas frases não são raras. Talvez você não as ouça da boca das pessoas, mas elas estão gritando em suas mentes, no silêncio da autopunição, na destruição da fé e da autoimagem, na tortura mental que promove uma dor talvez até maior do que a dor física.

Todos os cinco recursos da Imunidade Emocional são excelentes para que possamos aprender a lidar com a raiva, mas a gentileza é o principal deles. Ela nos traz a capacidade de perdão, de não nos cobrarmos tanto, de não nos exigirmos a perfeição e de aprendermos com os nossos erros com paciência, mantendo a paz de espírito e conservando a autovalorização e a fé.

As pessoas ficam com raiva por se sentirem julgadas pelos outros ou pelo próprio julgamento, quando se sentem diminuídas, desrespeitadas, injustiçadas, frustradas, quando percebem os seus padrões de valores violados, e principalmente quando têm as suas expectativas frustradas.

Quando a raiva cresce, ela pode nos abalar de tal forma que ficamos cegos sobre alguns aspectos e agimos em desacordo com a nossa natureza; fazemos e falamos coisas ruins só para tentar devolver para o outro a raiva que ele nos provocou. É como se nós tentássemos mostrar como estamos nos sentindo fazendo com que a outra pessoa se sinta da mesma forma.

O pior é que as pessoas pensam que têm o direito de estar com raiva, que é justo alimentar esse rancor por alguém que foi injusto, desleal, desrespeitoso ou agressivo. O grande problema é que a raiva nos tira do prumo, reduz a nossa performance, a nossa capacidade de concentração, o raciocínio e até o discernimento.

Não controlar a raiva gera um desgaste interno e mantém um nível de irritação e hipersensibilidade, o que desenvolve um comportamento explosivo de intolerância aos erros, por menores que sejam. Quando qualquer coisa sai do padrão, temos motivo para aumentar o estado de guerra interior.

Todos os sentimentos podem ser usados de forma benéfica ou maléfica. Eles são como o sal, que na dose certa pode nos fazer bem. Então, usar a raiva para nos tirar do comodismo, da zona de conforto e da estagnação é algo positivo. A raiva positiva e equilibrada nos permite não aceitar situações de preguiça e de procrastinação.

Porém, sempre que perceber o sentimento de raiva causando um desalinhamento interno, faça uma pausa no seu dia, procure um lugar tranquilo, e em voz alta dê as boas-vindas a esse sentimento. Tente perceber o que está gerando essa raiva. Dê as boas-vindas aos sentimentos que forem surgindo, e então conecte-se com os cinco modelos doadores dos recursos da

Imunidade Emocional. Esse é um ritual que precisa ser praticado exaustivamente até que se faça sem pensar, como uma competência inconsciente.

Mas não se contente em dar as boas-vindas à raiva e em se conectar com os recursos da Imunidade Emocional para dominá-la. É essencial dar um passo avante, e verificar no seu passado quando aprendeu a ficar com raiva de uma situação semelhante, para ressignificar aquele momento, voltando mentalmente na sua história, se conectando mais uma vez com os cinco recursos da Imunidade Emocional, principalmente a gentileza, que traz a capacidade de perdão.

Use esse mesmo método para cada situação em que a raiva aparecer e pratique esse processo de domínio de sentimentos até que eles não causem mais transtornos. Lembre-se de que quanto mais treinar esse exercício antecipadamente de conexão e domínio dos seus pensamentos e sentimentos, mais fácil e rápido será o processo de não se abalar diante deles.

## COMO LIDAR COM PESSOAS EXPLOSIVAS OU EXCESSIVAMENTE CRÍTICAS

Essa é uma tarefa árdua, sobretudo quando se trata de uma pessoa querida ou de alguém com quem não se pode evitar o convívio. Já tive muitos chefes que não eram líderes, mas pessoas dotadas de uma personalidade arrogante, egocêntrica e explosiva. Os colegas de trabalho também podem ter uma personalidade explosiva, e talvez não seja possível evitar o contato com eles. Até porque evitar o contato não ensina a lidar com esse tipo de situação, e você não irá desenvolver as habilidades e a blindagem necessárias para não permitir que isso abale sua paz interior.

Mas a boa notícia é que aplicando o mesmo método supracitado e com bastante prática e treino é possível promover o autocontrole pleno ao interagir com pessoas que apresentam uma postura agressiva, explosiva, grosseira ou excessivamente negativa.

Tente imaginar as pessoas e situações que normalmente são difíceis de lidar. Imagine-se, com os olhos fechados, vivenciando passo a passo a interação com elas em uma situação específica. Usando a pergunta de ouro – *Como estou me sentindo?* – identifique os pensamentos e sentimentos que surgem, dê as boas-vindas para cada um deles e se conecte com os cinco recursos da Imunidade Emocional, com paciência e gentileza, até que esses pensamentos e sentimentos sejam completamente dominados.

Faça várias rodadas dessa vivência mental, sempre se perguntando como você se sente e usando os cinco recursos para cada um dos sentimentos incômodos identificados (raiva, medo, culpa, desprezo, inferioridade, desrespeito, desespero, angústia, ansiedade). Você vai perceber que os sentimentos negativos vão ficando mais brandos, e os positivos vão se fortalecendo.

Vale a pena promover uma breve conexão, por apenas oito segundos, com os cinco recursos da Imunidade Emocional e também com as três partes internas. Dedique apenas um segundo para cada um dos oito modelos para reforçar os recursos, deixá-los disponíveis e ativos. Esse processo pode ser feito dobrando-se os dedos das mãos, cada um deles dedicado a um item – fé, paciência, paz de espírito, autovalorização, gentileza, crítico, realizador e sonhador.

Quando você ativa, ainda que por um segundo, todos os oito itens do alinhamento interno, os cinco recursos da Imunidade Emocional e as três partes internas, é como se colocasse o cinto de segurança e se preparasse para viajar. É como se você vestisse uma proteção de fé, uma armadura de paciência, um colete de paz de espírito, um capacete de autovalorização e uma blindagem de gentileza, além de deixar o seu crítico interno alinhado, positivamente apoiador, o seu sonhador fortalecido, protegendo a sua fé e a sua autoimagem, e o seu realizador esperto, disposto e alerta.

Esse tipo de preparação vai evitar um desgaste interno, independente do comportamento de terceiros. Quando aprendi a manter o meu autocontrole diante de pessoas difíceis, elas começaram a perceber seu comportamento absurdo, a energia negativa desnecessária que estavam tentando, sem sucesso, compartilhar comigo. Reagir de forma agressiva nesses casos valida a atitude grosseira daquela pessoa. Sem um retorno agressivo, a tendência é que ela comece a perceber o baixo nível de suas ações e até se envergonhe disso.

Porém, independentemente de como as pessoas vão agir, o fato é que você precisa se blindar interiormente e se manter bem, não importa o que aconteça ao seu redor, para que as suas ações sejam estrategicamente pensadas e executadas. De cabeça quente e com raiva, ninguém pensa ou age direito.

Uma agressão não justifica a outra, e você nunca pode permitir que as suas ações sejam tomadas tendo como base o comportamento alheio. As pessoas podem agir de acordo com a natureza delas, e você, de acordo com a sua. Manter o seu equilíbrio e a paz interior é uma ação de autopreservação.

Mas lembre-se: mesmo treinando bastante, você pode ter deslizes e permitir que a paz de espírito se enfraqueça, fazendo com que aquilo que as pessoas falam para você o abale. Quando esses momentos de crise acontecerem, continuar a nutrir a discussão e o enfrentamento só vai piorar as coisas interna e externamente. O ideal é procurar restabelecer o seu equilíbrio interior, se conectando de forma intensa com modelos doadores dos recursos da Imunidade Emocional. Você pode fazer isso se afastando fisicamente enquanto a outra pessoa segue falando de forma explosiva ou desrespeitosa. A ideia aqui é restabelecer a sua paz interior para que as suas ações sejam estrategicamente benéficas para você, para que você não aja de forma imprudente e prejudicial para si mesmo ou para os outros.

Manter o seu equilíbrio interior, independente do que acontece ao seu redor, vai lhe trazer grandes vantagens estratégicas na vida e ainda vai prevenir erros que poderão trazer enormes, e às vezes irreversíveis, prejuízos.

## COMO LIDAR COM O MEDO DE FALAR EM PÚBLICO

Muitas pessoas sofrem com o medo de falar em público e perdem oportunidades pela falta de capacidade de se expressar, de comunicar suas ideias para serem notadas pelo mundo.

Imagine que você vai fazer um discurso para milhares de pessoas daqui a alguns minutos. *Como você se sente?* Considere que esse discurso é sobre algo que você domina, que teria bastante facilidade de escrever ou falar com uma única pessoa.

Agora imagine que a sua apresentação para milhares de pessoas será daqui a dois minutos, que você já está no auditório, que o cerimonialista já está lendo o seu currículo e o convidando para o palco. Pergunta de ouro: *Como você se sente?* Imagine-se caminhando em direção ao microfone e perceba os olhares de todos. *Como você se sente?*

Em cada sentimento identificado, basta dar as boas-vindas e usar os cinco recursos da Imunidade Emocional para aprender a dominá-los:

- **Fé:** confiança, segurança, tranquilidade, calma, senso de propósito, colocar a sua vida nas mãos de Deus (se assim você acredita).

- **Paciência:** tudo no seu tempo. Se não gostarem do seu discurso, paciência.

- **Paz de espírito:** equilíbrio inabalável, ainda que eu esteja em uma guerra, decido me manter em paz.

- **Autovalorização:** eu sei quem eu sou, eu sei o meu valor, eu sou o dono da régua que me mede. Aquilo que as pessoas pensam sobre mim não muda em nada a minha vida.

- **Gentileza:** eu não preciso ser perfeito, ninguém é. Concentre-se apenas em relaxar, curtir o momento e fazer o seu melhor.

Talvez seja necessário intensificar a conexão com algum recurso até que todos eles estejam suficientemente fortalecidos em você para manter o seu equilíbrio interior.

## Comece agora, não deixe para quando precisar

Se você já tem uma data certa para falar em público, treine mentalmente todos os dias o passo a passo do processo, desde tomar o banho para começar a se arrumar para ir ao evento até os aplausos finais.

Ainda que não tenha um evento certo para falar em público, é preciso se preparar o quanto antes, de preferência agora mesmo, para eliminar essa trava da sua vida, mesmo porque as oportunidades não avisam antecipadamente quando vão aparecer, e depois que elas passam, já era.

Sempre recomendo que as pessoas vivenciem um curso presencial e prático sobre oratória, independentemente da sua profissão. Mas muita gente nem se atreve a se inscrever no curso porque sabe que terá que enfrentar esse medo, e o simples pensamento de estar em uma sala de aula falando em um microfone para várias pessoas já traz uma sensação de insegurança, pânico ou vontade de sair correndo daquele lugar.

## Pratique, enfrente, em frente!

Depois de vivenciar mentalmente o clico de ações que você vai executar quando for falar em público, é hora do enfrentamento real da situação. Você precisa buscar o desafio e não esperar sentado por ele. Procure situações onde possa falar em público e fale! Com o uso do recurso da paciência, perceba que as suas primeiras falas serão como as de um faixa-branca (pouca experiência), mas, com persistência, você vai conseguir melhorar gradativamente, passando pelas faixas azul, roxa, marrom e, finalmente, chegar à faixa-preta.

Para um faixa-preta do falar em público, pode parecer fácil subir em um palco e discursar para milhares de pessoas, mas lembre-se de que um dia aquela pessoa foi um faixa-branca, e fazer aquilo não era tão fácil para ela. Ninguém nasce faixa-preta, as pessoas se tornam excelentes gradativamente, no seu tempo e do seu jeito.

- **Seja bem-vinda, paciência:** tudo no seu tempo! Quanto mais falar em público e enfrentar aquele desafio, melhor ficará em se expressar e mais desenvolverá a sua autoconfiança para a vida.

- **Seja bem-vinda, fé:** acredite e confie que pode falar cada vez melhor. Conecte-se com a gratidão de se melhorar e se superar todas as vezes que decidir enfrentar os seus medos e desafios.

- **Seja bem-vinda, paz de espírito:** mantenha o seu equilíbrio inabalável. Compreenda que algumas vezes as coisas vão dar errado, e você vai precisar lidar com situações adversas. Com calma e tranquilidade, terá muito mais chances de lidar com elas.

- **Seja bem-vinda, autovalorização:** parabenize-se pela transformação pessoal e profissional que você pode promover todas as vezes que se supera e enfrenta aquilo que o desafia.

- **Seja bem-vinda, gentileza:** você não precisa ser perfeito! Valorize os seus acertos durante a fala e a sua coragem de enfrentar aquele desafio, perdoe-se pelos seus erros, aprenda com eles e melhore-se continuamente, peça feedbacks, converse com as pessoas sobre o seu discurso e esteja preparado para receber críticas construtivas e destrutivas.

## COMO LIDAR COM O MEDO DE GRAVAR VÍDEOS

Esse medo é parecido com o de falar em público, mas, incrivelmente, bons oradores não conseguem manter a excelência de desempenho falando para uma câmera. Já presenciei professores e palestrantes experientes e excelentes travarem em frente a uma câmera. Isso acontece porque a câmera não tem a mesma interatividade que um público real. A câmera não reage ao que você fala, não ri das suas piadas, não faz cara feia quando não entende algo e nem responde às suas perguntas. Então, você mesmo precisa criar a simulação dessas reações na sua mente enquanto fala para a câmera durante a gravação de um vídeo, e isso não é fácil.

O processo de superação dessa situação desafiadora é o mesmo que o anterior: feche os olhos e vivencie mentalmente o passo a passo de todas as ações que terá que executar, faça a pergunta de ouro para perceber como se sente e use os cinco recursos até dominar completamente aqueles sentimentos e pensamentos. Imagine-se posicionando e ligando a câmera. Imagine-se começando a falar. Vá percebendo como os sentimentos surgem e os domine, um a um, usando os cinco recursos especificamente para cada um deles.

Depois de falar algumas rodadas imaginando como seria gravar vídeos usando uma câmera e de identificar e dominar os seus pensamentos e sentimentos, experimente gravar um vídeo de verdade e veja como se sente. Fique tranquilo: os primeiros vídeos ficam horríveis! Mas com paciência e persistência, observando pessoas que falam com naturalidade nos vídeos do YouTube, você irá desenvolver a mesma desenvoltura em pouco tempo.

## COMO LIDAR COM O MEDO DE DIRIGIR

Dirigir é um medo frequente para praticamente todos que vão começar esse processo. Se este é um desafio na sua vida, vamos identificar, dominar e superar todos os pensamentos e sentimentos envolvidos nesse desafio:

- ▶ Como você se sente quando vai dirigir um carro?
- ▶ Como se sente quando está se aproximando do carro que vai dirigir, abrindo a porta, entrando nele, fechando a porta, colocando o cinto de segurança, ligando o carro, abaixando o freio de mão, ajustando a marcha certa e guiando o carro?
- ▶ Como se sente quando tem que frear em um sinal de trânsito com alguém colado na traseira do seu carro?
- ▶ Como se sente quando precisa fazer uma baliza em um local apertado?
- ▶ Como se sente quando se imagina com o examinador da sua prova para tirar a carteira de motorista?

▶ Você tem medo de bater o carro, de atropelar alguém, de andar devagar demais ou de cometer outros erros?

Agora, é só dar as boas-vindas para cada sentimento que surgiu, separadamente, em cada etapa do processo, e usar os cinco recursos da Imunidade Emocional sobre cada um deles até que estejam completamente dominados.

Faça algumas rodadas imaginando o passo a passo de todas as ações necessárias para dirigir o seu carro, do começo até o final, e passe um pente fino em cada pensamento ou sentimento negativo. Não deixe passar nenhum incômodo. O objetivo aqui é treinar você para que possa se sentir tão confiante e confortável dirigindo quanto se sente enquanto está caminhando. Treine isso por alguns dias até que pensar sobre a ideia de dirigir seja algo completamente natural e tranquilo para você.

## COMO LIDAR COM O MEDO DE VOAR DE AVIÃO

Geralmente, esse medo está relacionado à falta de controle. A maioria das pessoas que têm medo de voar não têm medo de dirigir, e isso acontece pela falsa sensação de controle que há quando se está atrás do volante.

O fato é que o avião é o segundo meio de transporte mais seguro do mundo, ficando atrás apenas dos elevadores. Sendo assim, por que as pessoas têm muito mais medo de voar de avião do que de passear de carro? Pela falta de controle. As pessoas que têm medo, provavelmente, também já tiveram uma ou mais experiências frustrantes ou traumatizantes relacionadas à sensação de perda de controle.

Para superar o medo dessa situação, imagine-se, passo a passo, executando todas as etapas desse processo, desde comprar a passagem aérea, fazer as malas, ir ao aeroporto, fazer o check-in, entrar na sala de embarque, entrar no avião, sentar-se na sua poltrona, afivelar os cintos, o avião taxiar na pista, a decolagem, a subida do avião, as turbulências, a aproximação do aeroporto de destino e o pouso.

Em cada etapa desse processo, identifique como se sente e dê as boas-vindas para cada pensamento ou sentimento incômodo ou negativo, e use os cinco recursos da Imunidade Emocional sobre cada um deles. Perceba como consegue aprender a lidar e superar cada sentimento com os recursos, e, se for preciso, fortaleça-os recebendo ainda mais deles de modelos doadores diferentes.

É preciso fazer esse passo a passo várias vezes até que essa vivência mental do processo de voar seja absolutamente tranquila. A meta é tornar a viagem, do começo ao fim, totalmente confortável e com bastante segurança e confiança. É equipará-la ao sentar-se no sofá para assistir TV.

Mantenha a atenção sobre qualquer incômodo, qualquer pensamento e sentimento negativo que possam surgir. Normalmente, desenvolvemos o hábito de tentar fugir e fingir que eles não existem, tentar suprimi-los e ignorá-los, mas isso não resolve em nada a situação, e acabamos por criar pontos de fragilidade no nosso jogo para superar essa situação desafiadora. Encare, enfrente, domine e supere cada sentimento, cada pensamento negativo, cada situação incômoda do processo, até que uma limpeza geral e completa seja realizada. Pratique o passo a passo da vivência mental dessa situação desafiadora até que experimentá-la seja algo prazeroso e que traga a alegria de viver e superar o momento.

## COMO LIDAR COM O MEDO DE FAZER PROVA

- Como você se sente quando precisa fazer uma prova?
- Você consegue dormir bem na véspera?
- Você sente medo de enfrentar (mais) uma reprovação?
- Você consegue resultados compatíveis com o seu nível de preparação?
- Qual é o seu nível de ansiedade quando a prova se aproxima, na véspera e no dia dela?
- Como se sente sobre os seus insucessos do passado?

Uma prova pode ser um momento de pânico para muitas pessoas. Há muita coisa em jogo, além do investimento de tempo e dinheiro para a conquista do sucesso, há o julgamento alheio ("*Não posso decepcionar as pessoas com o meu insucesso*") e as possibilidades que o sucesso na prova trarão, como o desenvolvimento profissional, financeiro e pessoal.

O sucesso na prova pode ser a diferença entre fazer a vida andar para frente ou mantê-la estagnada, investindo (e perdendo) ainda mais energia, dinheiro e tempo para tentar, sem qualquer garantia de sucesso, fazer dar certo até dar certo.

Manter o equilíbrio emocional diante do desafio de uma prova faz toda a diferença para que os níveis de concentração, raciocínio e memória sejam excelentes. Para tanto, você precisa mapear cada parte do processo de realização, desde a véspera da prova — dormir bem na noite que a antecede pode ser um grande desafio —, o dia da prova, o caminho e a chegada ao local da prova, entrar na sala, sentar-se na cadeira, receber a prova, respondê-la, lidar com questões difíceis ou superar os lapsos de memória, até a sua finalização e entrega ao fiscal, quando você voltará para casa.

Você precisa vivenciar mentalmente o passo a passo dessa jornada e sempre manter a atenção sobre como está se sentindo, mapeando os pensamentos e sentimentos que surgem, dando as boas-vindas para cada um deles e usando os cinco recursos da Imunidade Emocional para aprender a lidar, dominar e superar cada um deles. Repita várias vezes e durante alguns dias essa vivência mental da prova, sempre tentando identificar quais são as causas dos seus sentimentos, qual a origem do medo, da ansiedade, da insegurança e, usando a pergunta de ouro, tente aprofundar a sua conexão com eles para poder resolvê-los definitivamente.

Perceba que quanto mais treinar a experiência da prova, mais os sentimentos negativos vão desaparecendo, pela aplicação direta dos cinco recursos da Imunidade Emocional. No início, pode perceber o medo, depois, gradativamente, vem a calma. Com a prática contínua dessa vivência mental, surge a confiança, depois o entusiasmo para fazer provas e, por fim, a alegria e a gratidão por perceber o valor do momento da prova.

## COMO LIDAR COM O MEDO DE TER SUCESSO

Por incrível que pareça, o medo do sucesso é bastante frequente. Muita gente tem medo de que as coisas deem certo e não sejam capazes de dar conta do recado quando passarem para as próximas etapas. Esse medo está ligado à falta de uma autoimagem fortalecida, o que enfraquece a autoconfiança e, consequentemente, a fé.

Vale lembrar que todo medo traz algum tipo de bloqueio, e a procrastinação tende a surgir para que a situação desafiadora seja evitada. Normalmente, o ato de procrastinar gera culpa pela falta de ação, e essa culpa afeta ainda mais a autoimagem.

A autoimagem, que já não estava suficientemente forte para o enfrentamento da situação desafiadora, fica ainda mais enfraquecida pelo autojulgamento e pela culpa, gerados pela procrastinação. Para quebrar esse ciclo de enfraquecimento sucessivo da autoimagem e, consequentemente, da autoconfiança, é fundamental fortalecer os recursos da gentileza e do perdão, que é um derivado dela. Não é nada fácil se perdoar por uma sucessão de erros e pelo tempo perdido, mas, enquanto houver culpa, haverá um dano à autoimagem, e isso afetará a autoconfiança, a fé e a capacidade de agir.

Para que o medo do sucesso seja superado, é preciso que os pensamentos e sentimentos relacionados a ele sejam dominados. Usando a pergunta de ouro, *Como você se sente?*, perceba os pensamentos e sentimentos que surgem sobre essa situação desafiadora em que você busca sucesso. Dê as boas-vindas a cada um deles e conecte-se aos cinco recursos da Imunidade Emocional até que cada um deles seja completamente dominado.

Preste atenção também na relação de perdas e ganhos sobre o sucesso nessa situação. Muitas vezes, o sucesso em uma jornada nos traz a obrigação de abrir mão de algumas coisas que temos hoje.

Pergunte-se:

- O que eu ganharei quando alcançar esse sucesso?
- O que eu perderei quando alcançar esse sucesso?
- O que eu ganho hoje não tendo esse sucesso?
- O que eu perco hoje não tendo esse sucesso?

Às vezes, o sucesso em uma área da vida pode trazer a necessidade de mudar de cidade ou de viajar com frequência, pode proporcionar maiores ganhos financeiros, mas menos tempo livre com a família, pode trazer uma grande realização profissional e, junto com ela, grandes responsabilidades.

A vida é um jogo de perdas e ganhos, e para alcançar algumas coisas, é necessário renunciar a outras. Quando não temos consciência disso, os nossos medos agem sorrateiramente, nos bloqueando e nos impedindo de seguir em frente. É bastante frequente ver pessoas que procrastinam sem nenhuma razão aparente, mas que trazem medos escondidos sobre o que elas poderiam perder daquilo que têm hoje ou sobre suas perdas em situações futuras.

Quando tomamos consciência desse jogo de perdas e ganhos, passamos a decidir de forma consciente quais são as nossas melhores escolhas, e ainda aprendemos a lidar com os pensamentos e sentimentos que surgem, dominando-os sem permitir que eles nos dominem ou nos desgastem.

Para não permitir que o medo de ter sucesso trave sua vida, é necessário enfrentá-lo várias vezes, tantas quantas forem necessárias, até que ele seja completamente superado, sempre usando os cinco recursos da Imunidade Emocional para que os pensamentos e sentimentos sejam dominados.

## COMO LIDAR COM O MEDO DE ENTREVISTAS DE EMPREGO

Em entrevistas de emprego, as pessoas são avaliadas e, naturalmente, julgadas. Está em jogo o andamento de uma carreira, a possibilidade de ganhos salariais, status, sair do desemprego ou da estagnação profissional. É bastante coisa, e geralmente as pessoas ficam nervosas e inseguras diante de tal situação. Há o medo de não ser bom o suficiente para o cargo ou função, há a expectativa do que poderá vir de benefícios caso se consiga a vaga, há a impaciência sobre quando esse processo irá dar certo. Quando as entrevistas de emprego malsucedidas se acumulam, a autoimagem começa a perecer.

O que frustra muita gente é sair de uma entrevista de emprego sentindo que poderia ter se saído melhor, que cometeu erros bobos e que não passou uma imagem coerente com as suas habilidades, competências e conhecimentos. É como se tivesse entregado muito menos do que poderia. A sensação é de desperdício de competência e de oportunidades.

Em todas as entrevistas de emprego que pude participar, como candidato ou como recrutador, percebi que nem sempre as pessoas mais experientes e melhor qualificadas conseguem a vaga que está sendo disputada. É um conjunto de características que vai indicar, teoricamente, a melhor pessoa para o cargo. Mas o grande desafio de quem participa de um processo seletivo é conseguir fazer a sua melhor performance e permitir que os recrutadores consigam perceber com clareza quais são os seus pontos fortes, traços positivos de personalidade, competências, conhecimentos e habilidades interessantes para o cargo.

Para promover esse autodomínio diante de um desafio como uma entrevista de emprego, há que se treinar por várias vezes a realização do processo seletivo, mentalizando o passo a passo do que se pode imaginar sobre a entrevista ou quaisquer atividades que provavelmente possam acontecer. Em cada etapa do processo, é fundamental identificar quais são os pensamentos e sentimentos negativos ou incômodos e dar as boas-vindas a cada um deles, para que seja possível compreender suas origens e o que eles representam para você. O medo de uma pessoa pode ser completamente diferente do medo de outra. Cada sentimento é único em cada situação da vida, e é justamente por isso que precisamos nos conectar com esses pensamentos e sentimentos para que possamos conhecê-los e aumentar nossas chances de dominá-los e superá-los.

**QUANTO MAIS TREINAR ESSA VIVÊNCIA MENTAL, DAR AS BOAS-VINDAS AOS SENTIMENTOS E SE CONECTAR COM OS CINCO RECURSOS, MAIS TERÁ CONFIANÇA E ATÉ A ALEGRIA DE PODER PARTICIPAR DE UM PROCESSO SELETIVO COM TRANQUILIDADE E DESENVOLTURA.**

A **fé** vai ajudá-lo a manter a confiança de que você fará o seu melhor nessa entrevista; independentemente do resultado, você vai fazer dar certo até dar certo. Perceba que toda entrevista de emprego terá resultados positivos: a contratação ou o aprendizado que o aproximará dela. O que o seu modelo de fé lhe diria nesse momento da entrevista?

A **paciência** será útil para que você não se precipite e consiga persistir até alcançar o sucesso desejado, sem o sentimento de atraso ou de cobrança interna excessiva. Compreenda que o sucesso na carreira desejada pode levar um tempo, e que é preciso ter tranquilidade para aprender com os insucessos e se melhorar continuamente — até dar certo. Tente quantas vezes forem necessárias e pense no insucesso como parte natural do processo. Se não for selecionado em uma oportunidade, isso não quer dizer que é incompetente ou não tem qualidades, mas que, naquela situação, outra pessoa estava mais preparada ou tinha um perfil mais adequado para o cargo. O que o seu modelo de paciência lhe diria nesse momento da entrevista?

A **paz de espírito** será essencial para manter o seu equilíbrio, não importa o que aconteça. Uma entrevista de emprego não é o fim das suas chances. O mundo dá muitas voltas, e quem sabe você poderá ser chamado para uma próxima entrevista com os mesmos avaliadores. Deixar uma boa impressão é sempre positivo, ainda que naquela oportunidade não consiga lograr êxito para o cargo desejado. O que o seu modelo de paz de espírito lhe diria nesse momento da entrevista?

A **autovalorização** será muito importante para que sinta a segurança e lembre do seu valor, das suas qualidades e competências. Ela, na dose certa e sem exageros, vai impedi-lo de se sentir inferior diante dos seus concorrentes, ajudando-o a se preocupar menos com eles e mais consigo mesmo. Compreenda que está ali para ser avaliado e ter as suas atitudes julgadas. Se o julgamento alheio for um incômodo para você, o que demonstra um nítido enfraquecimento da sua autoimagem, participar de uma entrevista de emprego será como voar de avião para quem tem medo de altura. O que o seu modelo de autovalorização lhe diria nesse momento?

A **gentileza** pode ser decisiva para fazê-lo pensar e agir de forma estratégica, de um jeito que seja bom para todos, e não apenas para si mesmo. Já vi excelentes candidatos a uma vaga de emprego perderem oportunidades por individualismo, falta de pensamento coletivo, solidariedade e cooperação. Além disso, perdoe-se pelos seus erros durante a entrevista. Ninguém é perfeito, e você pode aprender com os seus erros e evoluir sem o autojulgamento severo. O que o seu modelo de gentileza lhe diria nesse momento da entrevista?

Tente inserir em cada rodada de simulação da entrevista as diversas situações que podem acontecer, as perguntas que podem surgir, imprevistos, erros seus e de outras pessoas, mas, acima de tudo, prepare-se para o que der e vier, para o inesperado, e relaxe quanto a isso.

Você pode e deve pesquisar bastante sobre informações técnicas e sobre como se portar em uma entrevista, o que vestir e outras estratégias interessantes sobre erros e acertos mais frequentes, mas se não for enfrentar esse momento desafiador com um autocontrole exímio, todos os seus conhecimentos, e até a preparação, podem ser prejudicados severamente pela falta de controle da ansiedade, insegurança, medo, culpa, raiva, sentimento de inferioridade, impaciência, cobrança interna excessiva e perfeccionismo.

Conheça a si mesmo, domine-se, melhore-se: assim você terá muito mais chances de sucesso em cada oportunidade.

📷 @lima.felipe

## COMO LIDAR COM O MEDO DE REUNIÕES

Como você se sente quando precisa participar de uma reunião? Você tenta falar o mínimo ou o máximo possível? Como se sente quando precisa expressar as suas opiniões para um grupo de pessoas e tem a missão de convencê-las sobre um projeto ou ideia?

Para muitas pessoas, participar de uma reunião pode ser algo tenso, e a insegurança pode passar uma imagem divergente de quem você é, e uma mensagem diferente daquela que você gostaria de transmitir. Portanto, o autocontrole em uma reunião é fundamental para que o seu desempenho seja o melhor possível.

Quando interagimos com os outros, temos a oportunidade de deixar a nossa marca e de construir na mente deles a imagem que gostaríamos de passar. Já trabalhei com excelentes profissionais que não conseguiam conter a ansiedade em uma reunião, e o nervosismo fazia com que soassem arrogantes ou inseguros. Também trabalhei com profissionais medíocres que faziam bonito em reuniões e conseguiam passar uma imagem superior à qualidade de seu trabalho no dia a dia e à sua competência profissional.

Para desenvolver esse autocontrole, é essencial treinar. Vivencie mentalmente a sua participação na reunião várias vezes. Como as pessoas vão interagir, como você vai se expressar, como vai discordar de alguém e defender o seu ponto de vista, como vai reagir a uma situação tensa na qual alguém pode contestar ou tentar invalidar os seus argumentos, como vai apresentar resultados e relatórios, como vai fazer com que as pessoas consigam entender verdadeiramente as suas ideias e propostas.

Esse ensaio mental da reunião precisa ser praticado principalmente para que a sua participação naquele momento seja natural, corriqueira. Se vivenciar mentalmente por dez vezes a sua participação em uma reunião, quando realmente for participar daquela reunião, será a décima primeira vez. Tudo o que é raro é mais difícil de se enfrentar. Por isso, torne a sua participação em reuniões algo frequente na sua mente, e quando isso acontecer de verdade, será algo tão comum e tranquilo quanto conversar com as pessoas da sua família.

Mas lembre-se sempre de, em cada ciclo de vivência mental da reunião, identificar os pensamentos e sentimentos usando a pergunta de ouro, dar as boas-vindas e se conectar com os cinco recursos da Imunidade Emocional para superá-los um a um. Esse é o detalhe que faz toda a diferença e vai permitir que você mantenha a calma e a tranquilidade, independentemente do que acontecer na reunião, e que apresente sua melhor performance naquele evento.

A **fé** vai trazer a confiança necessária para que você acredite no seu potencial e nas suas ideias e projetos. A **paciência** vai permitir que você mantenha a tranquilidade mesmo quando as coisas derem errado ou quando não lhe derem ouvidos durante a reunião. Aprenda, prepare-se ainda mais e melhore-se continuamente. A **paz de espírito** vai ajudar a manter a imunidade ao que vem de fora, o equilíbrio quando as coisas derem errado, e o foco nas suas estratégias. A **autovalorização** vai blindar você da desvalorização externa ou do julgamento alheio, e vai te ajudar a não se comparar com ninguém e se concentrar nas suas ações, observando o que acontece ao seu redor, mas sem perder o foco sobre a sua própria vida. A **gentileza** vai preveni-lo de julgar as outras pessoas ou a si mesmo. Não se cobre tanto.

Você não é perfeito e nem precisa ser, ninguém é! Você precisa se concentrar em fazer o seu melhor, cada vez melhor, aprendendo sempre, mas do seu jeito e no seu tempo.

## COMO LIDAR COM O MEDO DE DENTISTA

Eu já sofri um bocado na cadeira do dentista, e todas as vezes que preciso fazer uma consulta odontológica, isso exige de mim uma preparação antecipada, onde vivencio mentalmente, passo a passo, desde sair de casa, chegar ao consultório, ficar na agradável sala de espera, onde é possível ouvir o gentil ruído da broca funcionando, sentar na cadeira e passar pelo processo que cada tratamento demanda.

Acredite, eu passava muito tempo sem ir ao dentista pelo medo de passar por tudo o que já passei novamente, e justamente por essa demora, um problema que seria pequeno acabava ficando grande. Mas fugir do enfrentamento do problema só faz com que ele cresça. Então: *seja bem-vinda, cadeira do dentista*, e eu já começo a me conectar previamente com uma tonelada de fé, duzentos quilos de paciência, quinhentos de paz de espírito, trezentos de autovalorização e trezentos de gentileza. Usando a pergunta de ouro, dou as boas-vindas para cada sentimento, e uso os cinco recursos da Imunidade Emocional para superar cada um deles.

Dessa forma, a ida ao dentista ficou muito mais leve, mas, ainda assim, durante a consulta, eu não me arrisco a parar de me conectar com vários modelos doadores dos cinco recursos. Isso funciona como uma manutenção da anestesia emocional que eu já venho calibrando dias antes da consulta.

## COMO SUPERAR O MEDO DE APRENDER UM NOVO IDIOMA

Em 2016, comecei a gravar vídeos em inglês sobre ferramentas de coaching. Hoje, já superei a marca dos trezentos vídeos gravados no idioma.

No entanto, a maioria dos brasileiros, infelizmente, desenvolveu um mindset de limitação, preferindo apenas ações em português. Sempre que viajo pelo mundo, percebo que em todos os países que visito, inclusive em outros países da América Latina, as pessoas falam inglês, além do seu idioma nativo. O que acontece é que aqui no Brasil nós não nos damos conta do mundo de oportunidades perdidas por pensarmos de modo local, mesmo estando em um mundo cada vez mais global. E não é apenas sobre sair do país e ter ações no exterior: é sobre poder receber pessoas e empresas que vêm de todo o mundo para investir no Brasil. Cada vez mais multinacionais abrem as suas filiais em outros países, e o Brasil está cheio de grandes oportunidades para quem domina outros idiomas, como o inglês e o espanhol.

Eu passei cinco anos com a ideia de gravar vídeos em inglês e sempre deixava para depois (*seja bem-vinda, procrastinação!*). Até que, em um restaurante em São Paulo, tive a oportunidade de conhecer um australiano, Trevi, que estava todo enrolado para pedir sua comida. Os garçons não falavam inglês, e Trevi não falava uma palavra de português. Eu tive a cara de pau de oferecer ajuda (*adeus, timidez e insegurança!*) e fiz um grande amigo. Passamos o dia passeando e conversando por São Paulo. Ao final do dia, dividi a minha ideia de gravar vídeos, fazer palestras e sessões de coaching em inglês, e fui chacoalhado pelo meu novo amigo. Trevi me disse que havia entendido tudo o que eu havia falado naquele dia e me perguntou: "O que você está esperando para ganhar o mundo?"

Na semana seguinte, eu estava com a câmera ligada no meu estúdio para gravar meu primeiro vídeo em inglês. Fiz um plano de aula, o que não costumo fazer para minhas gravações em português; ensaiei, e quando apertei o botão de gravar, era como se tivesse apertado o botão de travar. Eu mal conseguia falar uma frase por vez, faltava ar, e as palavras me fugiam da cabeça. Percebi que o bichinho da ansiedade estava por ali, sorrateiro, minando as minhas energias. Falei sobre o medo de câmeras anteriormente, e era isso e mais um pouco o que estava acontecendo comigo.

Sempre viajei para outros países e nunca tive dificuldade de falar inglês, mas, quando liguei a câmera, a fluência, que precisa estar muito bem afiada para pensar em inglês, sumiu. A tradução mental foi necessária, e logo pensei: isso não vai dar certo! Não dá tempo de pensar em português e falar em inglês na gravação de um vídeo. Talvez isso seja possível em uma conversa informal, quando se vai pedir informações, mas em uma aula em vídeo a mensagem precisa ser transmitida com naturalidade e fluidez.

Usei a pergunta de ouro para dominar os pensamentos e sentimentos negativos que estavam surgindo e aprendi a superar o sentimento de impotência, incompetência, nervosismo, impaciência e o autojulgamento pelos muitos erros no início das gravações.

Eu não teria conseguido desenvolver a minha fluência e pensar em inglês durante as gravações dos vídeos sem a ajuda da professora, psicóloga e coach de idiomas Gabriela Rabelo. Ela me ajudou na gravação dos primeiros trezentos vídeos. Passamos mais de um ano com aulas diárias de duas horas. Dez horas de aula por semana no início. Ela me ajudou a conseguir encontrar as expressões adequadas para transmitir a mensagem em inglês, já que, algumas vezes, a tradução literal do que falamos não faz sentido em outro idioma.

Pude desenvolver, junto com Gabriela, os cinco pilares da Imunidade Emocional e ainda o alinhamento das três partes internas para melhorar a minha fluência e gravar as aulas em inglês como faço em português: falando sem pensar!

- **Fé:** a confiança e a tranquilidade de que eu seria capaz de aprender o idioma.
- **Paciência:** evoluindo a cada aula, a cada gravação, sem pressa, me permitindo errar para aprender com os erros, sem medo, sem cobrança interna excessiva.
- **Paz de espírito:** cada erro é comemorado com a alegria da evolução. "Relax, and just say the words" [Relaxe e apenas diga as palavras], ela dizia.
- **Autovalorização:** eu sei que sou capaz! Já aprendi e superei muita coisa na vida! Aprender a falar outro idioma não é algo de outro mundo.
- **Crítico:** parabéns + calma + evolua.
- **Sonhador:** lembre-se do que virá como resultado dessa ação.
- **Realizador:** encontre a alegria de aprender, evoluir e realizar cada vez mais.

As pessoas geralmente dizem que aprender outro idioma é difícil, chato, que elas não têm tempo para isso. Mas, na verdade, a maioria das pessoas evita o enfrentamento da situação de estudar um novo idioma por se sentir frustrada e incapaz, incompetente ao tentar falar, com medo de errar e parecer ridícula, pelo autojulgamento interno excessivo.

Um exercício excelente para encontrar a melhor forma de aprender e se desenvolver em um novo idioma é observar o modo como você se vê em relação ao processo de aprendizagem. Como você se sente quando chega o horário de começar a estudar esse idioma? Feche os olhos e tente perceber como é a experiência do início do estudo, de pegar o material, os livros e vídeos, como é a interação com os colegas de sala ou os professores. *Como você se sente?*

Agora, imagine a seguinte situação: duas pessoas falando fluentemente esse idioma que você gostaria de aprender, sendo que uma delas é um nativo do país que fala o idioma em questão e a outra tem a mesma nacionalidade que a sua, ou seja, um brasileiro. Como você se sente ao ver essas duas pessoas conversando? Como você vê essa pessoa que aprendeu a falar esse outro idioma além do português?

Imagine agora que você tomou o lugar dessa pessoa e, por um milagre, imediatamente se tornou capaz de falar com fluência e compreender tudo o que o estrangeiro está falando. Como se sente agora? Como você acha que as pessoas que estão te observando falar com fluência e segurança estão te vendo? O que elas pensam sobre você? Você parece ser uma pessoa acima da média? Você se torna uma pessoa com mais valor?

É comum que as pessoas que não sabem falar um determinado idioma se sintam mal ao ver outras que aprenderam a fazer isso com fluência. Elas se sentem inferiorizadas, incompetentes, e até julgam negativamente quem está conseguindo se comunicar com facilidade e segurança.

Utilize os cinco recursos da Imunidade Emocional para superar os sentimentos que estão travando seu desenvolvimento pessoal e profissional para aprender novos idiomas (sim, no plural) e expandir os seus horizontes e possibilidades.

## Não perca o seu tempo e energia reclamando

As nossas dificuldades são excelentes oportunidades de evoluir na vida. Sem elas, nós não aprenderíamos lições fundamentais para o nosso sucesso e até para a nossa felicidade.

Quando as dificuldades são superadas, quando passa a tempestade, fica fácil entender o que aprendemos com cada uma delas. O nosso grande desafio é manter o coração tranquilo e a mente focada enquanto estamos enfrentando as crises, para que possamos aprender as lições propostas pela vida com eficiência e agilidade, sem cometer os mesmos erros repetidamente.

Reclamar não resolve problemas, e você sempre pode, com um mindset positivo, encontrar as soluções para os obstáculos que a vida lhe dá a oportunidade de enfrentar. Sem eles, você seria uma pessoa atrofiada e acomodada.

Eu passei cinco anos no curso de engenharia elétrica, e esse tempo me rendeu algumas experiências profissionais. Atualmente, não trabalho mais como engenheiro. Algumas pessoas podem pensar que foram cinco anos perdidos, que eu poderia ter aproveitado esse tempo todo fazendo um curso que tivesse mais a ver com a minha missão de vida. Sinceramente, se eu pudesse voltar no tempo, talvez não fizesse outro curso. Ter cursado engenharia, especialmente a elétrica, tão intangível e complexa, me trouxe aprendizados únicos.

Um curso de engenharia é basicamente o desenvolvimento da capacidade de encontrar soluções, de resolver problemas, de viabilizar projetos. Se há algo pelo qual sou muito grato à minha graduação nesse curso foi a capacidade de resolver problemas e o prazer de superar desafios, a certeza perene de que Deus, antes de criar o problema, já criou a solução.

Em cada matéria do curso, nós, alunos, tínhamos que resolver muitos exercícios. Isso porque a engenharia exige mais raciocínio do que memória. Então, tínhamos que responder o máximo de questões possível para desenvolver a habilidade de pensar, de raciocinar e encontrar ou mesmo criar as soluções. A cada questão respondida, eu sentia o prazer de superar a dificuldade e trazia comigo a certeza de que a cada exercício me transformava e me preparava para a prova. Não sabia que estava me preparando para a vida. Geralmente, as pessoas reclamam das dificuldades, se lamentam e até assumem uma postura vitimista.

Eu consegui aprender a sentir gratidão pelos problemas que enfrentava no curso da graduação e consegui manter o mesmo mindset para a vida. Sempre que ela coloca uma montanha em meu caminho, tenho a certeza de que, mesmo que a escalada seja dura, quando chegar lá em cima, as minhas pernas estarão ainda mais fortes, e a vista será linda.

Reclamar dos problemas da vida é como ir malhar na academia e reclamar pelo levantamento de peso. Sem a carga, o exercício fica leve, mas os músculos não se desenvolvem. Condicione a sua mente para sentir gratidão pelos seus problemas e determine-se a superá-los. Coloquei aqui muitas ferramentas que me ajudaram a transformar a minha vida e a superar os meus desafios. Espero, de todo o coração, que você faça bom proveito delas para também transformar a sua vida e superar os seus desafios.

## TRÊS COISAS RUINS PARA EVITAR X TRÊS COISAS BOAS COMO PRÊMIO

Essa é uma estratégia extremamente eficiente para eliminar de vez a procrastinação e manter o foco nas ações estratégicas que vão trazer resultados significativos na sua vida. Mas o segredo dela está na intensidade das conexões com os três itens que vão promover uma espécie de repulsa e com os três itens que vão promover o desejo da realização. Você pode definir três ou mais itens que realmente o incomodem sobre a não realização daquela ação específica, e três ou mais itens que lhe tragam uma sensação de alegria por ter realizado aquilo.

Vou elencar três exemplos para demonstrar como essa ferramenta pode ser aplicada na prática, porém, antes de definir essas âncoras, vale fazer uma menção à ferramenta poderosíssima que é o cartaz dos sonhos, aquele mosaico com imagens que nos traz o senso de propósito na vida. Isso trará um significado especial para essa ação e fará toda a diferença para o seu engajamento.

**Caso 1:** desejo de perder peso, seguir dieta e fazer exercícios físicos.

**Caso 2:** busca por mais disciplina para ler e estudar.

**Caso 3:** foco no planejamento da semana.

Os itens citados são apenas exemplos que geralmente escuto de coachees. Você precisa elencar as suas três coisas excelentes e três coisas horríveis para fugir da procrastinação. As boas precisam ser muito boas, e as ruins, muito ruins.

## CASO 1: DESEJO DE PERDER PESO, SEGUIR DIETA E FAZER EXERCÍCIOS FÍSICOS

- Coisas ruins: alguém comentar que você está fora de forma, tentar vestir uma roupa e não conseguir, se olhar no espelho e não gostar do que vê.

- Coisas boas: alguém comentar que você está mais bonito; vestir as roupas e notar que servem maravilhosamente bem e olhar no espelho e perceber que o seu corpo está cada vez mais em forma.

## CASO 2: BUSCA POR MAIS DISCIPLINA PARA LER E ESTUDAR

- Coisas ruins: perder oportunidades, ficar estagnado na vida, não conquistar o sucesso nos seus objetivos.

- Coisas boas: comemorar o sucesso, sentir-se pronto e preparado para superar os desafios, evoluir na vida.

## CASO 3: FOCO NO PLANEJAMENTO DA SEMANA

- Coisas ruins: ver o tempo passando, as outras pessoas produzindo na vida e realizando os sonhos que você adoraria realizar, mas perceber que nunca tem força de vontade para merecer o seu sucesso, sentimento de culpa pela procrastinação.

▶ Coisas boas: sentir a alegria de finalizar o dia cumprindo o planejado, sentir que a cada dia você se aproxima ainda mais da realização dos seus sonhos, não acumular pendências e produzir resultados cada vez melhores na vida.

Na hora em que precisar executar a ação planejada, sempre comece lendo as coisas ruins que poderão acontecer se você não se empenhar na realização dos seus objetivos, e então passe para a conexão com a alegria das coisas boas que vão acontecer em decorrência do merecimento pela execução das ações planejadas. Dessa forma, você se sentirá mais motivado a fazer o que for necessário para alcançar seus objetivos.

## FERRAMENTA PARA TOMADA DE DECISÕES: GANHOS E PERDAS

Muitas pessoas permanecem em situações frustrantes e infelizes por não conseguirem organizar as ideias e perceber todos os aspectos necessários para tomar decisões com coerência. Na verdade, tendemos a decidir muito mais pelas nossas emoções que pela razão. O medo do que poderíamos perder, por muitas vezes, nos impede de perceber o valor do que poderíamos ganhar e até o que nós já estamos perdendo na situação atual.

Aparentemente, a ferramenta do perde e ganha é extremamente simples, mas se usada com atenção, pode transformar decisões difíceis em escolhas fáceis e até óbvias. Se você está indeciso entre duas opções, basta dividir uma folha de papel em quatro partes, preenchendo cada uma delas desta forma:

| Perdas da opção A | Ganhos da opção A |
|---|---|
|  |  |
| Perdas da opção B | Ganhos da opção B |
|  |  |

No meu caso, quando eu era funcionário público, havia duas opções:

1. Manter-me na zona de conforto em uma carreira pela qual não tinha paixão.
2. Buscar outra carreira na qual eu pudesse me realizar.

Após uma rápida análise dessas duas opções, passei a listar as minhas possibilidades de ganhos e perdas. Vale lembrar que esse era o meu ponto de vista. Com certeza, essa não é a interpretação de alguém que tem vocação para a carreira pública:

▶ **Ganhos da carreira pública:** salário razoável, segurança, estabilidade, aprovação social, status de funcionário público federal concursado, aposentadoria em menos tempo.

▶ **Perdas da carreira pública:** frustração absoluta, acordar todos os dias querendo voltar a dormir, estagnação profissional.

O medo do que poderíamos perder, por muitas vezes, nos impede de perceber o valor do que poderíamos ganhar e até o que nós já estamos perdendo na situação atual.

📷 @lima.felipe

- **Ganhos de uma nova carreira:** possibilidade de realização profissional, encontrar uma carreira que proporcione um senso de propósito para minha vida e a alegria de trabalhar com prazer; possibilidade de ter ganhos financeiros ainda maiores por empreender como empresário ou profissional autônomo.

- **Perdas de uma nova carreira:** insegurança, instabilidade, possibilidade de ter ganhos financeiros menores, falta de apoio da família, perda do status conferido pela carreira pública.

Com esse método, ficou fácil ponderar com sensatez e tomar a decisão de pedir exoneração do cargo público que assumi. Quando não deixamos claro quais são as nossas possibilidades de perdas e ganhos, deixamos de interpretar e considerar cada aspecto separadamente, o que pode promover uma confusão sobre a melhor opção a seguir.

É fundamental que cada possibilidade nos quadrantes seja analisada separadamente. Quando estiver identificando quais são os pontos positivos de uma das opções de escolha, concentre-se apenas nos ganhos, benefícios e no que pode dar certo, uma postura 100% otimista. Quando estiver considerando os pontos negativos de uma das opções de escolha, mantenha o foco única e exclusivamente naquilo que pode dar errado, nas possibilidades de perdas e prejuízos.

Após a análise separada de cada um dos quadrantes, você terá uma visão muito mais clara sobre qual dentre as opções será a melhor, e ainda sobre quais ganhos podem ser potencializados e quais prejuízos podem ser minimizados.

## COMO PERPETUAR COISAS BOAS NA SUA VIDA?

Uma das formas de manter os bons hábitos é passar para frente. Quando fiz o meu primeiro curso de leitura dinâmica, em 1997, fiquei impressionado com a maravilha que é ter eficiência na aprendizagem. Além de melhorar os meus níveis de compreensão, concentração e velocidade de leitura, descobri o incrível prazer de aprender coisas novas, a alegria que é poder ler um livro e permitir que os novos conhecimentos adquiridos tragam mudanças na minha vida.

O curioso é que sempre que me encontrava com pessoas que fizeram aquele curso comigo, elas não estavam treinando. Elas me diziam que gostaram da técnica e que até praticaram por um tempo, mas que, mesmo percebendo os benefícios, não persistiram. Com tantos depoimentos sobre a falta de persistência com a técnica, fiquei preocupado de que isso acontecesse comigo.

Para me prevenir da desistência, comecei a ensinar os exercícios de leitura dinâmica para o máximo de pessoas possível. Eu comecei a chamar os amigos e familiares para fazer aulas. A cada vez que explicava a técnica, ela ficava ainda mais clara e consolidada para mim. Outro grande benefício era eventualmente encontrar alguém a quem eu tinha passado as técnicas de leitura dinâmica e a pessoa me dizer que estava obtendo resultados fantásticos nos estudos e na carreira.

Então, se você quer manter hábitos saudáveis sobre sua alimentação, chame os amigos e converse com o máximo de pessoas sobre isso. Se deseja manter o ritmo nos exercícios físicos, compartilhe a maravilha que é praticar um esporte ou ir à academia.

Toda vez que conversar com as pessoas sobre alguma coisa boa que pretende manter na sua vida, a mensagem que você transmite acaba ficando nas pessoas que você ajudou de alguma forma, e elas e vão lembrá-lo de manter essa mensagem viva.

Para manter o seu alinhamento interno, com a manutenção dos recursos da Imunidade Emocional, espalhe essa ideia ao máximo de pessoas que puder. Algumas não vão dar atenção ao assunto, outras vão colocar em prática apenas alguns dos itens explicados, mas, em todos os casos, você vai conseguir manter em mente cada estratégia que manterá os cinco recursos ativos e fortalecidos em cada área da sua vida.

É impossível fazer o bem e não ganhar nada com isso.

## Aprenda com seus erros

Um dos grandes erros que cometemos na vida ocorre quando nos sentimos sozinhos para enfrentar as batalhas que o destino nos apresenta. Na verdade, por muitas vezes, nos isolamos das pessoas pela vergonha de enfrentar dificuldades, por sentir vergonha também de pedir ajuda e admitir que erramos e que estamos em uma situação de extrema crise; por achar que as outras pessoas só vão nos julgar em vez de nos ajudar. Na verdade, se pedir ajuda, algumas pessoas vão, sim, julgá-lo, mas outras, de alguma forma, vão ajudá-lo. Se você não pedir ajuda e conseguir suportar a humilhação que será receber as críticas de quem não vai ajudá-lo, não vai poder receber a ajuda das pessoas que estão dispostas a lhe dar uma força.

Certa vez, fiz uma palestra em Maceió, a cidade onde passei a maior parte da minha vida, e tive a honra de receber alguns amigos no evento. Falei sobre aquele momento de dificuldade da minha vida e sobre a carta de suicídio que mantinha no meu bolso todos os dias. Ao final da palestra, muitos deles chegaram até mim com a cara fechada, chateados, perguntando: por que você nunca me pediu ajuda? Por que manteve isso em segredo?

Percebi que o amor e a amizade deles por mim geraram essa indignação pelo meu silêncio diante daquele momento que poderia ter me custado a vida. Ainda bem que essa bronca veio seguida de um abraço de cada um, mas não escapei do puxão de orelhas: *lembre-se sempre de que pode contar comigo no que precisar!* Essa bronca do bem que recebi dos meus amigos, e também da minha família, por não ter pedido ajuda, me fez entender que a nossa vida não nos pertence única e exclusivamente. Quando passamos a morar no coração das outras pessoas, é como se a nossa vida deixasse de ser algo apenas nosso e passasse a ser também daqueles que nos querem bem. Imagino que quando alguém chega a tirar a própria vida, a dor e o sofrimento para todos que amavam aquela pessoa seja gigantesca.

Eu não sei se você já passou por algo parecido, se já pensou no pior dos erros que alguém pode cometer, o de desistir da vida, mas, seja qual for a sua crise, não permita que o orgulho o impeça de pedir ajuda. Não fique sozinho nesse buraco escuro e aparentemente sem saída. Se puder encontrar alguém e contar tudo o que está acontecendo, melhor; senão, olhe ao redor e procure pessoas que possam ajudar, nem que seja com uma sugestão de estratégia, ou para lhe dar uma palavra amiga, mas peça ajuda.

## Não sinta pena de si mesmo

Quando começamos a sentir pena de nós mesmos, acabamos nos fazendo de coitados, nos sentimos uma vítima da vida e colocamos, nós mesmos, um rótulo de perdedor em nossa testa.

Uma coisa é ter problemas financeiros e enfrentar dificuldades para ganhar dinheiro e pagar as suas contas. Outra coisa, muito pior, é quando você se *sente pobre*, quando se olha no espelho e vê um fracassado.

Lembro-me da época em que era difícil comprar coisas simples como, por exemplo, uma revista. Lembro-me de ficar mal por não poder pagar por algo que sempre esteve ao meu alcance. Sentia-me medíocre. Lembro que as coisas só começaram a mudar quando olhei para a minha situação de vida e entendi que aquela situação era passageira, uma fase que servia de oportunidade para aprender muitas lições preciosas e para me transformar como pessoa e como profissional. Passei a entender que eu *estava* quebrado, mas não *era* quebrado.

**CAPÍTULO 5**

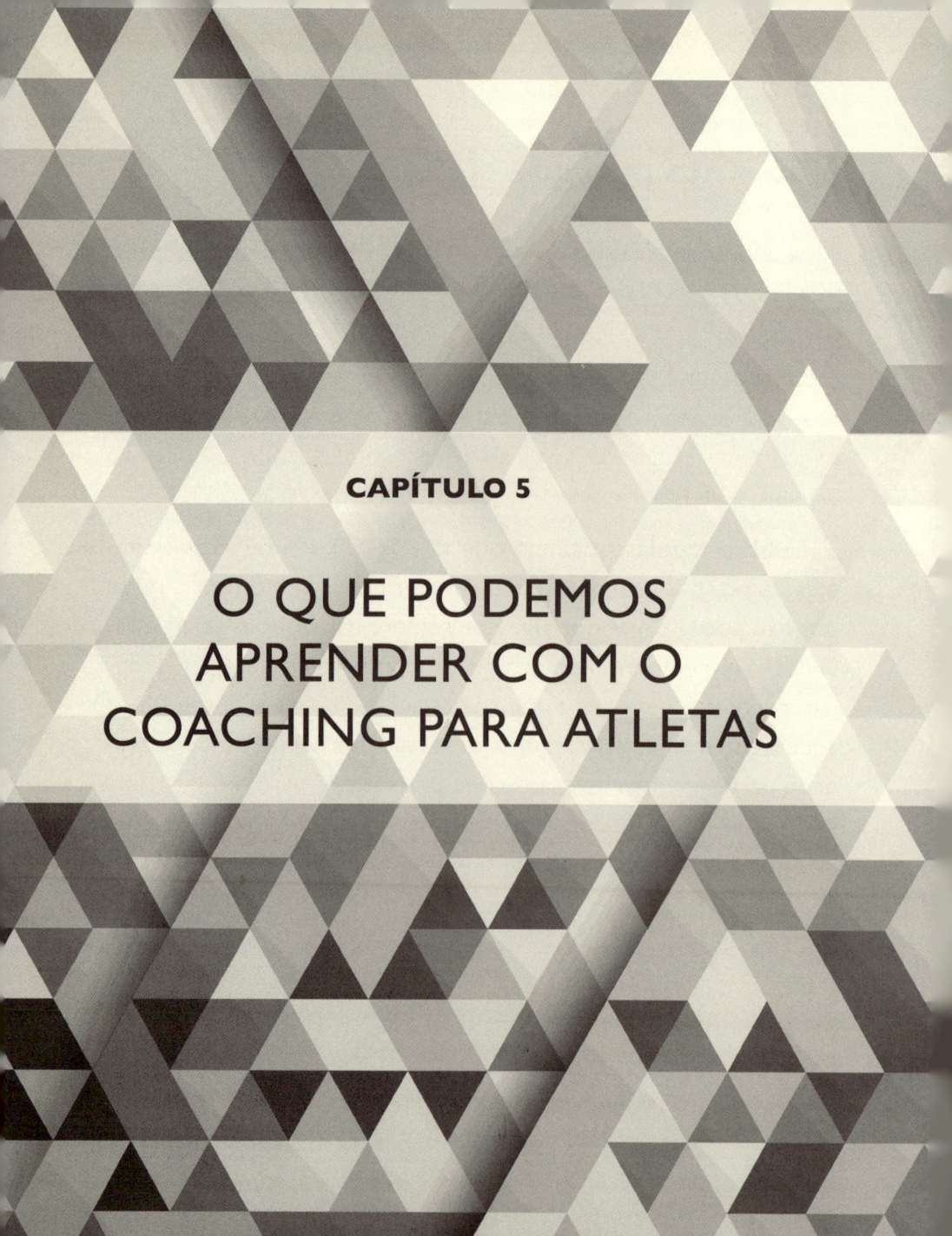

# O QUE PODEMOS APRENDER COM O COACHING PARA ATLETAS

Já tive a oportunidade de trabalhar com atletas de várias modalidades, inclusive com lutadores de MMA, e o que constatei é que as ferramentas de coaching promovem um ganho de performance tanto na parte técnica quanto no desempenho físico dos esportistas, pois ajudam a superar maus hábitos e crenças limitantes, além de promover um mindset vencedor antes, durante e depois da prática do esporte.

Muitas vezes, os atletas perdem para si mesmos por ansiedade, falta de autocontrole, insegurança, medo, culpa, raiva e outros pensamentos e sentimentos autodestrutivos que limitam a performance física e mental, reduzindo os resultados externos e o sucesso nas atividades profissionais. Há também os hábitos negativos quanto aos treinos e às habilidades de luta ou jogo que são difíceis de mudar.

Elenco a seguir alguns dos aspectos trabalhados em processos de coaching e descrevo a aplicação prática das ferramentas e métodos utilizados em cada caso. Então, para que você entenda o que vou explicar nas próximas páginas, é preciso ler e compreender previamente as ferramentas de coaching apresentadas nos capítulos anteriores. Ressalto que vou abordar exemplos específicos do mundo dos esportes, mas os aprendizados resultantes disso podem ser aplicados a qualquer profissão.

## COMO SUPERAR DERROTAS

Uma derrota pode se transformar em um fantasma e criar o medo de futuros insucessos. A frustração do passado, que gera culpa e autojulgamento, sempre trará consequências negativas sobre a autoimagem, a autoconfiança e a fé, elementos básicos do **sonhador** interno, que é fornecedor de força de vontade para o **realizador** interno.

É importante que os cinco recursos da Imunidade Emocional sejam utilizados sobre a culpa e a frustração, mas é preciso que haja o entendimento prévio desses sentimentos, e o uso da pergunta de ouro é fundamental nesse processo.

Deve-se, preferencialmente de olhos fechados, voltar no tempo e tentar se lembrar de todos os aspectos de um momento de insucesso, uma derrota ou um erro que gerou a frustração. Veja o que você viu, ouça o que você ouviu, sinta o que você sentiu naquele exato momento, então volte à pergunta de ouro: *Como você se sentiu?*

Dê as boas-vindas a esse sentimento em voz alta e tente perceber como ele está em você. Quanto mais conseguir identificar como esse sentimento o afeta, maiores serão as chances de dominá-lo. Talvez surja raiva, vergonha, culpa, medo ou a sensação de incompetência e de inferioridade.

Agora, basta se conectar com cada recurso da Imunidade Emocional, imaginando que recebe cada um deles de uma pessoa específica, de um modelo doador, para dominar cada sentimento identificado sobre aquele episódio de insucesso.

Você precisa ressignificar aquele momento de insucesso da sua vida até que ele deixe de ser uma má lembrança e passe a ser um momento puramente de aprendizado e que lhe traga gratidão. Pode parecer absurdo sentir gratidão pelo insucesso, mas sentir raiva dele não vai trazer qualquer benefício ou impedir que ele se repita. **Quando se consegue sentir gratidão pela própria história, por tudo o que aconteceu, torna-se possível aprender com o ocorrido, sem sentimentos negativos.** Enquanto houver sentimentos e pensamentos negativos sobre os seus erros e insucessos do passado, eles vão gerar o autojulgamento severo, bem como a culpa, e vão reduzir a sua capacidade de aprender com o que aconteceu. Enquanto houver algo mal resolvido no seu passado, isso trará algum efeito negativo para o seu futuro.

Obviamente, sempre buscamos os acertos, mas precisamos ter em mente que os erros fazem parte do caminho do sucesso, e se aproveitarmos para aprender com eles, evoluiremos em uma velocidade surpreendente.

Às vezes, as coisas vão dar errado, não importa o que se faça. Dê o seu máximo para o sucesso, mas livre-se das expectativas sobre os resultados. Foque no processo e nas suas ações; os resultados surgirão naturalmente, no tempo certo e do jeito certo. Isso é uma questão de fé, mas, acima de tudo, de saber que você é capaz de persistir e fazer dar certo até dar certo. O segredo é comemorar os acertos, ter calma sobre os erros e evoluir sempre.

## COMO LIDAR COM O DESÂNIMO

É comum um lutador receber um golpe, ficar em uma situação de desvantagem, perder um round ou tentar uma sequência de golpes sem sucesso, e isso provocar desânimo, gerando cansaço físico e a sensação de perda de energia. O mesmo pode acontecer quando um time está atrás no placar e os jogadores começam a perder a fé sobre a sua capacidade de virar o jogo.

É como se o **crítico** interno dos atletas interpretasse a situação de desvantagem com um autojulgamento negativo, levando a uma sensação de esgotamento. Toda vez que o crítico não fizer uso da gentileza e da paciência, mantendo a autovalorização e a fé, a paz de espírito ficará abalada.

É primordial fazer uso da pergunta de ouro para treinar a superação dessas situações que geram desânimo. Assim como um atleta faz o seu treinamento físico e técnico, ele também deve trabalhar o condicionamento dos processos mentais que proporcionam um mindset estratégico, positivo e adequado para superar cada situação de dificuldade ou desafio.

Quanto mais as situações adversas forem vivenciadas e mentalmente praticadas, mais fácil será enfrentá-las na realidade, sempre identificando os pensamentos e sentimentos com a pergunta de ouro (*Como estou me sentindo?*), dando as boas-vindas a eles e usando os cinco recursos da Imunidade Emocional para dominá-los e superá-los completamente.

Em uma sessão de coaching com um lutador, ele declarou que sentia uma fraqueza física toda vez que caía por baixo e tinha que fazer guarda para o seu adversário. Era como se ele desse aquele round por perdido e ficasse esperando seu fim para tentar virar o jogo no próximo.

Nitidamente, essa estratégia era, além de arriscada, um desperdício de tempo e energia, já que, além de ignorar a possibilidade de virar o jogo naquele round, ele ainda entregava pontos para o adversário.

Para identificar o que estava acontecendo naquela situação, usamos a pergunta de ouro: feche os olhos e imagine-se em uma situação de desvantagem. Veja o que vê, ouça o que ouve. *Como você se sente?*

"Desânimo", ele respondeu. Ele identificou onde aquele sentimento estava no seu corpo, colocou a mão em cima do coração e proferiu as boas-vindas ao desânimo: "Seja bem-vindo, desânimo". Pedi para que o lutador percebesse de onde vinha aquele sentimento e tentasse entender como ele se comportava.

Com o inimigo (sentimento) identificado, ele se conectou com os cinco recursos da Imunidade Emocional, recebendo cada recurso de modelos doadores:

- **Seja bem-vinda, fé:** para manter a confiança na luta e o desejo da vitória.

- **Seja bem-vinda, paciência:** para não desistir em uma situação de desvantagem.

- **Seja bem-vinda, paz de espírito:** para não desanimar diante de um erro.

- **Seja bem-vinda, autovalorização:** para se lembrar da sua capacidade e virar o jogo.

- **Seja bem-vinda, gentileza:** para se perdoar pelos seus erros e aprender com eles.

Nessa situação, recursos acessórios são muito bem-vindos:

- Seja bem-vinda, **força**!
- Seja bem-vinda, **disposição**!
- Seja bem-vinda, **energia**!
- Seja bem-vinda, **explosão**!
- Seja bem-vinda, **recuperação**!

## RECEBA MENOS INSTRUÇÕES E APRENDA MAIS

Antes de os treinadores tentarem explicar algo de modo lógico ou racional, citando item a item o que deve ser realizado ou melhorado em um treinamento, eles devem apresentar visualmente o que precisa ser executado. Uma demonstração visual é muito mais eficiente do que uma explicação lógica. Demonstrar visualmente a execução do movimento e pedir ao atleta que tente se visualizar repetindo aquela ação, experimentando mentalmente como o seu corpo vai se movimentar, é extremamente eficaz. Essa vivência mental da ação deve ser repetida por cerca de três vezes antes da primeira execução física do movimento.

Até as correções serão melhores se forem realizadas visualmente em vez de aplicadas verbalmente. As correções e ajustes de movimento técnico devem ser feitas de forma verbal apenas em um segundo momento, identificando item a item do que precisa ser melhorado. Quando as correções dos movimentos acontecem inicialmente de forma verbal, a mente consciente tende a se preocupar excessivamente com aquela correção, gerando uma tensão extra, e às vezes é justamente aquele erro que se comete repetidas vezes. Se o autojulgamento não estiver controlado, cada erro será interpretado com culpa e raiva, abalando a paz de espírito e permitindo que novos erros aconteçam sobre movimentos simples que antes estavam sendo executados com maestria.

A ansiedade gerada pelo autojulgamento impede que a aprendizagem aconteça de forma eficiente e promove o desalinhamento interno, reduzindo a performance e gerando ainda mais erros e travas durante o treinamento.

A sequência ideal para a aprendizagem técnica é a seguinte:

- Primeira rodada de observações visuais por dez vezes;
- Vivência mental do movimento por três vezes, tentando imaginar a experiência da execução do movimento físico;
- Execução real dos movimentos físicos;
- Segunda rodada de observações visuais por mais três vezes para a correção de erros;
- Vivência mental do movimento por mais uma ou duas vezes tentando perceber como será o movimento completo com as correções e percebendo como o corpo se movimentará durante essa execução;
- Correções e orientações verbais sobre os itens a serem melhorados.

Outra prática que favorece a aprendizagem técnica é a observação visual de atletas de alta performance e a visualização mental da execução dos mesmos movimentos. A ideia não é copiar os movimentos dos atletas a serem modelados visualmente, mas sim encontrar neles uma inspiração.

O ser humano é dotado de uma capacidade incrível de modelar e aprender por meio da observação, e quando conseguimos absorver plenamente todos os aspectos de um procedimento técnico, de um movimento, temos a capacidade de reproduzi-lo de forma inconsciente.

Quando aprendemos a dirigir um carro, o início do processo pode ser complicado, mas com o passar dos anos as pessoas começam a dirigir sem pensar sobre o que estão fazendo. Quando estamos aprendendo a cozinhar, por exemplo, fazer um prato simples como arroz e feijão pode ser um grande desafio, mas quando aprendemos e praticamos bastante aquela ação, torna-se absolutamente fácil, e executamos o passo a passo da receita sem nem pensar sobre o que estamos fazendo.

Quando um lutador está em um combate, os seus movimentos precisam surgir natural e autonomamente, os golpes precisam fluir inconscientemente, as defesas precisam ser executadas com precisão e agilidade; a mente inconsciente é muito mais rápida e completa para fazer isso do que a mente consciente. Mas a mente inconsciente só começa a atuar quando estamos em um estado interior relaxado, ao mesmo tempo concentrado, e isso só é possível quando nos mantemos no aqui e no agora, livres de pensamentos e sentimentos que possam nos tirar o foco.

Quando um jogador de futebol faz um passe em uma jogada de velocidade, não dá tempo de parar para pensar e calcular conscientemente a sua velocidade, a velocidade da bola, a velocidade do seu parceiro de time, o posicionamento de todos os jogadores mais próximos e a forma, jeito e força como vai precisar chutar. Aquele passe precisa estar treinado, e o jogador deve estar plenamente no aqui e no agora, livre de medos e preocupações, relaxado e focado para fazer um passe preciso que coloque a bola no pé do atacante livre e posicionado para fazer o gol.

Isso acontece em qualquer modalidade de esporte, como basquete, futebol americano, golfe, vôlei, jiu-jitsu, natação, tae-kwon-do, karatê, tênis de mesa, tênis, e até em atletas maratonistas e velocistas. Os movimentos técnicos precisam estar muito bem treinados para acontecerem de forma natural e sem que sejam conscientemente calculados. O inconsciente toma conta do processo para uma execução maestral.

Nesse processo, um dos maiores desafios é manter-se isento de autojulgamento, além de fazer uso da gentileza, valorizar os acertos, ter calma e paciência para aprender com os erros e evoluir sempre.

Esse desafio torna-se especialmente difícil tendo em vista que atletas de alto desempenho precisam alcançar níveis de excelência, lidar com pressões e cobranças internas e externas (da equipe de treinadores, da família, dos fãs, dos patrocinadores), ter uma rotina intensa de treinos e ainda manter a gentileza sobre os seus erros, valorizando os acertos e evoluções para continuar melhorando.

É como tentar se manter relaxado e focado ao mesmo tempo. Esse equilíbrio entre cobrança e apoio, entre valorizar o acerto e não descansar até que os erros estejam eliminados, entre alta performance e tranquilidade, é desafiador, mas pode ser alcançado em um curto espaço de tempo com o uso dos cinco recursos da Imunidade Emocional. Portanto, antes de qualquer treinamento, é preciso fortalecer esses cinco recursos para promover o estado ideal de relaxamento e foco.

## COMO LIDAR COM CRÍTICAS DA EQUIPE TÉCNICA E TREINADORES

Como você se sente quando recebe críticas? Dedique um minuto do seu tempo para pensar em um momento do passado recente no qual recebeu algum tipo de crítica sobre seu trabalho ou sobre os erros que tem cometido na vida.

Geralmente, as respostas para essa pergunta são:

- *Me sinto mal! Fico com raiva!*
- *Depende. Se a crítica for construtiva, eu aceito, mas se for apenas negativa, eu fico nervoso e irritado.*

Comumente, a palavra *crítica* é empregada de forma negativa, mas não deveria ser assim. As críticas são extremamente necessárias e benéficas quando estamos preparados para recebê-las, fazendo uso dos cinco recursos da Imunidade Emocional.

Você, como atleta, precisa compreender que sua equipe técnica não pode parar de criticá-lo e sinalizar aquilo que você pode aprimorar e evoluir. Ao receber uma crítica, nunca se mantenha na defensiva tentando se explicar e fundamentar as razões pelas quais está certo. A sua primeira postura precisa ser de gratidão pelo gesto da crítica, mantendo a atenção plena no que está sendo criticado no seu treinamento ou preparação. O seu principal objetivo precisa ser o de tentar compreender, da melhor forma possível, o ponto de vista de quem o crítica sem a postura do "eu preciso estar sempre certo".

A comunicação entre a equipe técnica não precisa e nem pode ser uma disputa, uma briga de egos sobre quem está certo ou errado, e para isso a manutenção dos cinco recursos da Imunidade

Emocional deve ser não apenas para atletas, mas para todos da equipe técnica. Todos estão juntos com um só objetivo: a evolução para a vitória.

Geralmente, atletas e lutadores de ponta, que já atingiram um nível de excelência, têm dificuldades em receber críticas. Pessoas muito inteligentes geralmente apresentam essa dificuldade, de desenvolver uma empatia mínima com o ponto de vista das outras pessoas, pois elas têm excelentes argumentos para as suas opiniões e estratégias, e isso faz da capacidade de ouvir as outras pessoas e entender seus pontos de vista um desafio.

Porém, ainda que não concorde com as críticas alheias e que elas lhe pareçam completamente sem fundamento, tenha a paciência de ouvi-las e compreendê-las para que haja um entendimento claro do que estão tentando lhe dizer. Tenha a gratidão e a gentileza por aqueles que estão dedicando tempo e energia para ajudá-lo de alguma forma, mas blinde-se usando a sua paz de espírito e a sua autovalorização.

A capacidade de ouvir é preciosa no desenvolvimento pessoal e profissional. Você pode não concordar com as opiniões alheias, mas precisa ter paciência e gentileza, mantendo a sua autovalorização, para ouvir o que a sua equipe e pessoas que se importam com você têm a dizer. Se ouvir críticas te incomoda, é preciso treinar esse processo até que seja uma coisa completamente tranquila. Feche os olhos e imagine uma situação em que alguém o critica. Usando a pergunta de outro – *Como me sinto quando alguém me critica?* – identifique os sentimentos que surgem e dê as boas-vindas a eles, para compreendê-los melhor, e então conecte-se com os cinco recursos da Imunidade Emocional, recebendo-os de modelos doadores de fé, paciência, paz de espírito, autovalorização e gentileza.

Repita esse processo por várias vezes até que se sinta totalmente confortável e grato por ter a oportunidade de receber a atenção de alguém. Lembre-se que isso é fundamental para o seu aprimoramento e para a melhoria contínua.

## COMO ACEITAR UMA COMPETIÇÃO EM CIMA DA HORA

Na vida, as oportunidades chegam sem avisar, e por vezes você não estará em sua melhor forma para enfrentá-las. Lembro quando Michael Bisping aceitou uma disputa com Luke Rockhold em cima da hora e conquistou o cinturão dos meio-médios do UFC. Se ele tivesse recusado a luta, não teria tido a chance de ser campeão.

São três as ações que vão mantê-lo em estado de constante preparação, ainda que em um ritmo mais leve do que quando estiver se preparando para uma competição planejada:

- **Conexão com o cartaz dos sonhos:** alimente o desejo de realizar os seus sonhos continuamente. Vivencie mentalmente e conecte-se com a alegria da realização dos seus sonhos. O seu **sonhador** interno precisa chamar o **realizador** para o foco nas ações estratégicas rumo ao sucesso.

- **Condicionamento do crítico interno apoiador, incentivador:** mantenha altos padrões de excelência junto com a gentileza (parabéns, calma e evolua). O seu **crítico** interno precisa empurrar o **realizador** para uma superação contínua (evolua), gerando uma valorização dessa evolução, uma alegria (parabéns), e sempre aprendendo com os erros, com paciência e tranquilidade (calma). Essas ações vão fortalecer ainda mais o **sonhador** interno e permitir que ele transforme o desejo de realizar os sonhos em força de vontade, que será convertida em mais ações.

▶ **Conexão com os modelos da Imunidade Emocional e com as três partes internas:** crie uma sensação de presença dos seus modelos doadores, para manter seus padrões de excelência sempre altos e para cultivar seu alinhamento e equilíbrio interior. É como se você realizasse um encontro com essas pessoas, e cada uma delas o inspirasse todos os dias a se superar continuamente e a nunca ficar na zona de conforto.

Executar essas três práticas continuamente é o segredo para manter a motivação constante e as ações firmes. Muitos atletas largam tudo quando estão no período de férias, logo após a fase de lutas ou jogos, e o condicionamento físico fica prejudicado por uma alimentação desregrada e pela falta de exercícios físicos e treinos. Para que a forma física seja recuperada e as habilidades técnicas voltem a ficar afiadas, são necessários ainda mais tempo e esforço do que se elas tivessem sido cuidadas continuamente. Ninguém aguenta ficar 100% do tempo em um ritmo de treinamento intenso ou de dieta restritiva, mas há que se encontrar um equilíbrio, uma maneira de manter um ritmo mínimo de condicionamento físico.

Relaxar, descansar e ter um tempo de folga é necessário, sem sombra de dúvidas. Mas também é necessário que esse tempo de descanso seja dosado e prudente, sem exageros, para evitar a perda do ritmo e da continuidade da evolução técnica.

Para lidar com as pressões de um desafio aceito sem estar na melhor forma física, vale muito a pena aplicar, de modo direcionado, os cinco recursos da Imunidade Emocional e o alinhamento das três partes internas. Comece usando a pergunta de ouro – *Como estou me sentindo sobre esse desafio?* – para identificar e dominar por completo qualquer pensamento ou sentimento negativo.

- **Fé:** para eliminar o medo de não dar tempo de se preparar. Se o tempo para a preparação para a luta ou jogo é curto, não desperdice ainda mais tempo e energia se preocupando e se desgastando com o medo e a insegurança. Comprometa-se em fazer o seu melhor, no seu tempo, buscando a superação de limites, mas respeitando a sua humanidade (gentileza).

- **Paciência:** você sabe que o tempo de preparação é curto, e que provavelmente não vai conseguir chegar na sua melhor forma física. Em vez de se preocupar sobre como se apresentará, dedique-se a aproveitar cada momento de treino disponível, relaxar durante a aprendizagem e evoluir continuamente. O treinamento, quando realizado com a preocupação sobre o tempo disponível, gera uma ansiedade desnecessária. Você estará desperdiçando ainda mais o pouco tempo que tem. Relaxe sobre o tempo, confie na sua equipe e no seu treinamento e, principalmente, lembre-se de quem você é, das suas conquistas e da sua história (autovalorização).

- **Paz de espírito:** tente cultivar a calma inabalável para se manter concentrado no seu treinamento, com o foco nas suas ações, no aqui e no agora. Aproveite cada momento da sua preparação com a tranquilidade absoluta de fazer o seu melhor e confiar no seu trabalho e na sua capacidade.

- **Autovalorização:** alegre-se pela oportunidade, cultive a gratidão pelo seu momento de vida e da sua carreira, lembre-se de tudo o que fez, superou e conquistou para chegar até aqui.
- **Gentileza:** tenha em mente que você não precisa ser perfeito, basta dedicar-se a fazer o seu melhor e confiar na sua capacidade. Busque a sua excelência, mas não se cobre tanto. Valorize as suas ações em busca da superação contínua.

## COMO SUPERAR PROVOCAÇÕES

Provocações são bastante comuns em todos as modalidades esportivas. É muito normal ver os atletas se provocando nas redes sociais e criando um ambiente hostil entre as equipes. O problema ocorre quando essas provocações conseguem abalar o atleta de tal forma a tirar sua paz de espírito, bem como os demais recursos da Imunidade Emocional.

A intenção clara de uma provocação é, além de promover o evento, jogo ou luta, abalar o alinhamento interno do oponente, permitindo que sejam criados sentimentos como medo, raiva, insegurança.

Atletas que promovem mais os seus jogos ou lutas com provocações aos outros atletas ou equipes acabam ganhando mais visibilidade na mídia, e essas cutucadas mútuas começam com comentários bobos, como uma briga de criança, até que algo seja dito de uma forma que ofenda verdadeiramente um dos lados. O lado ofendido se sentirá no direito de retribuir a falta de gentileza, e está declarada a guerra.

O segredo é ativar os recursos da Imunidade Emocional para que essas provocações esbarrem na sua paz de espírito, na sua autovalorização e até na sua gentileza, para que você não se sinta ofendido sobre qualquer comentário, conseguindo responder as provocações com estratégia e completo domínio das emoções.

Quando se sentir atingido por uma provocação, mantenha o silêncio e respire fundo, conectando-se abundantemente com os cinco recursos da Imunidade Emocional, a fim de dominar totalmente qualquer sentimento que o esteja abalando, e só depois da promoção desse autodomínio pense em alguma resposta.

Geralmente, as ações tomadas no calor da hora são perigosas. É preciso uma vida para se construir uma imagem, mas segundos para destruí-la. Sobram exemplos de pessoas que adquiriram uma visibilidade de excelência e que destruíram suas carreiras com um comentário impensado. Pensar antes de falar pode privá-lo de grandes prejuízos, e ainda traz grandes benefícios; uma vez que a palavra é dita, ela é como a flecha disparada: não tem volta.

**CAPÍTULO 6**

# TURBINE SUA CAPACIDADE DE REALIZAÇÃO

Muitas pessoas me contratam com a expectativa de melhorar o nível de disciplina em suas vidas. Elas querem realizar mais em menos tempo, sabem o que precisa ser feito, mas não conseguem executar o óbvio.

A primeira pergunta é:

*De zero a dez, qual é o seu nível de disciplina?*

Resposta:_____

O que muitos desconhecem é que a falta de disciplina é, na verdade, uma consequência externa de uma série de fatores internos desajustados. Quando as pessoas promovem esse alinhamento interno, ser disciplinado é algo espontâneo e até fácil, porque quando fazemos as pazes conosco, passamos a ficar de bem com o universo, e as coisas começam a acontecer em nossa vida. Não adianta colocar um motor potente no carro se o freio de mão estiver puxado.

Portanto, antes de criar aquilo que vai te ajudar a ter cada vez mais disciplina, é fundamental eliminar o que reduz a sua energia interna e a sua capacidade de ação. Ao tentar criar os fatores propulsores da disciplina quando os fatores limitantes ainda existem, ocorrem alguns conflitos internos, podendo gerar mais autossabotagem, procrastinação, frustrações e desânimo.

Os seus comportamentos são guiados pelas suas crenças, valores, pensamentos e, sobretudo, sentimentos. Um dos grandes problemas é a falta de habilidade e até de tempo dedicado para se conectar, compreender e lidar com esses pensamentos e sentimentos. Porém, quando você consegue fazer isso, você dá o primeiro e mais importante passo rumo ao autocontrole e à Imunidade Emocional.

A ideia é promover uma disciplina autônoma e natural.

- Autônoma: sem a necessidade de intervenção ou incentivo de outras pessoas.
- Natural: algo que seja da sua natureza, uma disciplina de um jeito bom que lhe faça bem.

## Preparando as mudanças para a disciplina:

- Como seria se você fosse a pessoa mais disciplinada que conhece?
- Como seria se acordasse amanhã com uma disciplina excelente?
- O que isso mudaria na sua vida?
- O que você conseguiria realizar com mais disciplina?
- Quais são os outros benefícios que você teria com o aumento do seu nível de disciplina?
- Quais são os prejuízos trazidos pela falta de disciplina?
- Como você se sente quando se dá conta da sua indisciplina e das consequências dela na sua vida?
- Quantas vezes já tentou melhorar a sua disciplina e falhou?

- Você acredita que pode mudar a sua vida e ter uma disciplina plena?

Por favor, não passe batido por essas perguntas. Cada uma delas tem uma função na superação das suas dificuldades para desenvolver sua disciplina.

## A origem da disciplina

É comum as pessoas ouvirem os seguintes conselhos dos mais velhos:

- É preciso ter disciplina para realizar os seus objetivos de vida.
- A menor distância entre os seus sonhos e a realização deles é a disciplina.
- Disciplina é aquilo que vai transformar desejo em realidade.

Mas eles geralmente se esquecem de dizer como ter disciplina e como persistir e fazer isso por tempo suficiente até que as coisas deem certo. Pergunte a qualquer pessoa indisciplinada sobre a importância de tê-la, e ela vai responder: *Tenho que ter, não tenho e tenho raiva de quem tem, pois sou doido pra descobrir esse segredo!*

Aqui, você está descobrindo caminhos que pode trilhar ou utilizar como um modelo para transformar sua vida. Mas não espere receber respostas prontas. As melhores coisas que tenho para lhe dizer são perguntas que vão fazê-lo pensar e entender mais facilmente aquilo que, lá no fundo, de alguma forma, você já sabe.

*"Há algo que você sabe, mas não sabe que sabe e quando descobrir isso, vai ter um sono tranquilo."*

Milton Erickson

O combustível da ação é o desejo, mas querer nunca foi poder. Tanta gente quer muita coisa e não consegue fazer dar certo, não é mesmo? Elas até tentam – do jeito delas, mas falta algo (que por vezes passam a vida toda procurando), algum segredo, alguma ação secreta, um ingrediente que faz as coisas funcionarem e darem certo, proporcionando mais realizações, conquistas, dinheiro e sucesso.

## Indisciplina

"Eu sei o que preciso fazer, tenho todas as condições necessárias, mas não faço." Essa é uma frase comum entre as pessoas que precisam melhorar a disciplina, e ainda mais comum é o autojulgamento nada gentil em decorrência do não cumprimento das metas estabelecidas. Isso tudo é acentuado pela culpa por não haver qualquer justificativa mínima para esse comportamento.

Então vem a procrastinação, que ocorre quando alguém consegue uma boa desculpa para não executar as ações planejadas. No fundo, essa procrastinação é uma fuga, mas pelo menos há uma desculpa socialmente aceita, usada como um anestésico para a consciência pesada. Mas quando não há uma boa desculpa para a procrastinação, a culpa entra livre na consciência, e o autojulgamento ataca a autoimagem, criando um ciclo de ansiedade e indisciplina. Quanto mais você se culpa, maior é o gasto de energia emocional, maior é o enfraquecimento da autoimagem, e quanto mais você se percebe pequeno, incompetente e incapaz, mais o **sonhador** interno se enfraquece, fornecendo cada vez menos força para o **realizador**.

Essa situação é como se você estivesse sem forças para comer e, como não come, fica cada vez mais fraco. Você pode estar com uma carga de desânimo enorme, e quanto mais procrastina e menos age, mais o desânimo aumenta.

## EXERCÍCIO PARA ROMPER O CICLO DE PARALISAÇÃO PELA ANSIEDADE E PELA INDISCIPLINA

Antes mesmo de usar a pergunta de ouro sobre como se sente por estar com esse bloqueio na vida, é necessário promover uma conexão forte com os cinco recursos da Imunidade Emocional, de tal forma a promover uma espécie de anestesia e desconexão com a realidade, apenas para restabelecer o equilíbrio interior e depois poder encarar os pensamentos, sentimentos, crenças e bloqueios que estão lhe travando.

**É preciso se conectar com alguns modelos de cada recurso de forma intensa e especial. Defina alguns modelos de fé e encha-se dela, percebendo esse recurso por todo o seu corpo. Mas não tenha pressa, use a sua respiração para fortalecer a fé em detalhes. Perceba a sua confiança sendo fortalecida por essa fé que vem de mais de um modelo doador, sinta essa fé que lhe traz calma, equilíbrio, limpeza, regeneração, saúde, amor, cura e o sentimento de proteção e cuidado, de que você não está só para superar os desafios da vida. Conecte-se com a fé, visualizando a cor dela lhe envolvendo completamente, como se estivesse completamente tomado**

**por uma fé que o transforma, imuniza e fortalece, como se estivesse embaixo de um chuveiro que lhe dá um banho de fé.**

Depois da fé, você pode se conectar com a paciência de uma forma plena, recebendo esse recurso de modelos doadores diferentes, pessoas que lhe inspirem paciência, tranquilidade, calma, equilíbrio, serenidade. Use a sua respiração para permitir que a cor desse recurso entre em você e flua em cada canto do seu corpo. Faça isso com gentileza, percebendo a sua paciência se conectar com a sua fé, e permita que esses dois recursos unidos lhe tragam uma sensação de total preenchimento de fé e paciência, não deixando espaço para mais nada.

Agora, você pode se conectar com a paz de espírito que vem dos seus modelos doadores. Essa é a blindagem que deixa lá fora aquilo que não lhe faz bem aqui dentro. Receba cada modelo doador que vai lhe transmitir o recurso da paz interior com um sorriso e um abraço caloroso, e sinta gratidão por receber e permitir que essa paz de espírito o transforme, imunize, proteja e até fortaleça com um equilíbrio inabalável. Respire profundamente e perceba como é receber diferentes tipos de paz de espírito e sinta esses recursos fluírem protegida e confortavelmente por todo o seu corpo.

Você pode perceber como é conectar a sua fé com a sua paz de espírito e também com a sua paciência, mantendo todos os modelos doadores desses três recursos à sua volta, se conectando com cada um deles. Cultive e permita que esses recursos em especial cresçam cada vez mais em você.

Antes da autovalorização, você pode se conectar com o recurso da gentileza, a capacidade de se perdoar pelos seus erros e de não se exigir e se cobrar tanto. Reforce a sua capacidade de perdão recebendo esse recurso de modelos doadores específicos para o perdão. Sem pensar em uma situação específica, decida se perdoar e afirmar para si mesmo que você não é perfeito, que ninguém é, que todo mundo erra e que pode aprender com os seus erros, sem culpa. Cultive essa gentileza para limpar todo o rancor que pode estar sendo alimentado por um conjunto de crenças e valores que não fazem mais sentido para você.

A autovalorização pode ser reforçada pela releitura da sua história, lembrando-se de tudo o que já conquistou e superou na vida. Use as boas lembranças do passado para fortalecer a autovalorização e também concentre-se nos itens do seu cartaz dos sonhos, percebendo a alegria da realização de cada item do seu futuro. Valorize as suas ações do presente e reconheça que não precisa ser perfeito para realizar os seus objetivos de vida, mas que pode ser cada vez melhor, aprendendo com os seus erros e evoluindo sempre.

Essa sequência de conexão com os vários modelos doadores dos recursos da Imunidade Emocional precisa ser realizada até que você se sinta bem e com tranquilidade para usar a pergunta de ouro e identificar como está se sentindo.

## OS SEGREDOS DA DISCIPLINA INABALÁVEL

Imagine que o seu nível de disciplina é a carga de uma bateria, uma pilha recarregável. Para ter energia (disciplina), basta fazer duas coisas:

**1.** Eliminar tudo o que está descarregando a sua bateria;

**2.** Conectar a sua bateria a fontes de energia.

Essa bateria interna traz a nossa força de vontade pronta para ser transformada em ações, porém, por problemas com o alinhamento interno e com a baixa da Imunidade Emocional, vem a ansiedade, que funciona como se fosse um curto-circuito nessa bateria. Um curto-circuito pode ser provocado em uma pilha ao conectar um fio (condutor) direto nos polos positivo e negativo da pilha (em cima e embaixo dela). Se fizer essa experiência, você vai perceber que ela vai esquentar e, se a carga da bateria for muito alta, esse fio pode derreter.

**É algo parecido com o que acontece internamente quando permitimos que esse curto-circuito da ansiedade consuma as nossas energias.** O mais perigoso é que, quanto maior a energia interna, mais forte e maiores poderão ser os danos desse curto-circuito. Quanto maior a força de **vontade, quanto mais ações forem executadas, maiores tenderão a ser as expectativas pelos resultados e, portanto, maior será a frustração pelo insucesso.**

*"Vai, e se der medo, vai com medo mesmo."*

Essa é uma das frases mais absurdas que circulam nas redes sociais – e que até é proferida por pessoas de referência. O correto seria: "Vai, e se der medo, aprenda a superar o seu medo."

Imagine a seguinte analogia: o medo e a ansiedade gerada por ele são como o freio de mão levantado de um carro. Então, chega o gênio que pensou na frase acima e diz "Vai, e se o freio de mão estiver levantado, vai com o freio de mão levantado mesmo!", quando o correto seria: "Vai, e se o freio de mão estiver levantado, aprenda a baixar o freio de mão!"

O que acontece com um carro se você começar a dirigi-lo com o freio de mão levantado? A peça que tenta travar o carro vai começar a esquentar de tal maneira que será danificada, você ganhará muito menos velocidade e gastará muito mais combustível. Prejuízo, prejuízo, prejuízo. Essas são as consequências de não se dominar a ansiedade antes de tentar apertar o acelerador da sua vida (que é a disciplina) e fazer com que o carro do seu sucesso comece a andar cada vez mais rápido.

> **MOTIVAÇÃO + ANSIEDADE = FRUSTRAÇÃO!**

Justamente por isso, decidi falar sobre disciplina somente após explicar os recursos da Imunidade Emocional e o alinhamento das três partes internas. Livre-se da ansiedade e aproveite toda a sua energia para realizar suas metas de forma leve e cada vez mais eficiente, conseguindo melhores resultados em menos tempo e com menos esforço e desgaste.

Sobre o que pode estar descarregando a sua bateria, já tratamos várias ferramentas para que você consiga dominar os pensamentos e sentimentos que podem gerar ansiedade, tais como: falta de autoestima, impaciência, cobrança interna excessiva, culpa excessiva, insegurança pela falta de controle dos medos etc.

Agora vamos explorar as estratégias que vão manter a sua bateria interna carregada. Retomo as ferramentas já descritas anteriormente para que você as mantenha sempre em mente, aprimorando o seu uso em todos os aspectos da sua vida:

- ▶ Cartaz dos sonhos;
- ▶ PARABÉNS! (da tríade Parabéns, Calma e Evolua);
- ▶ Alinhamento das três partes internas.

A estratégia aqui é usar cada uma dessas ferramentas para preservar a energia interna e para gerar conexão com fontes adequadas a fim de manter a sua bateria sempre carregada.

Você já se perguntou por que a maioria das pessoas não consegue manter a disciplina por muito tempo? Simplesmente porque elas dão uma carga na sua bateria interna, mas não cuidam de eliminar aquilo que drena e desperdiça essa energia, ou seja, a ansiedade, e elas também não estão atentas em manter essa bateria conectada às fontes de energia.

## Propósito

Para qualquer ação que estiver executando, verifique seu grau de motivação. Pode parecer uma ação simples e insignificante, mas é fundamental para que possamos encontrar propósito em tudo o que fazemos. Agora, eu peço que você se faça a pergunta: *Por que eu estou aqui?*

Por exemplo: algumas pessoas assistem a uma aula e não se conectam com o seu propósito, ou seja, não veem sentido naquilo.

Se você vai assistir a uma aula pensando somente na matéria, talvez ela se torne chata ou desinteressante, mas se compreender o significado maior de fazer um curso com excelência e as consequências positivas disso no seu futuro, provavelmente aquela ação será realizada com muito mais energia, gerando satisfação e realização. Quando conseguimos atribuir um significado maior a uma ação, ela nos traz o prazer de nos aproximarmos cada vez mais da realização dos nossos objetivos.

Certa vez, ouvi um relato de um experimento no qual dois grupos de pessoas foram selecionados para a montagem de bonecas. O primeiro grupo receberia 100 reais e teria que montar as bonecas por no mínimo uma hora. O segundo grupo não receberia absolutamente nada, e não tinha um tempo determinado para montar as bonecas. Havia algumas roupas para as bonecas em um local da sala de montagem, mas eles não receberam qualquer orientação sobre como vestir as bonecas. O detalhe é que falaram apenas para o segundo grupo que aquelas bonecas seriam entregues a crianças carentes em um hospital especializado no tratamento do câncer.

Qual dos dois grupos você acha que montou mais bonecas? Se o seu palpite é o segundo grupo, aquele que não receberia nada para montar as bonecas, você acertou. As pessoas do primeiro grupo se limitaram a montar as bonecas por exatamente uma hora, e muitas delas apresentavam defeitos. As pessoas do segundo grupo montaram muito mais bonecas, por muito mais tempo; elas tiveram o cuidado de vestir as bonecas, arrumaram um papel de embrulho para fazer um presente e ainda escreveram um cartão com uma mensagem positiva para cada uma delas.

Quando temos o senso de propósito, nos apoderamos da missão, do significado maior que cada ação tem, e isso nos permite gerar um comprometimento maior sobre cada etapa do processo, além de proporcionar uma valorização especial do que estamos fazendo. É como se o **crítico** interno estivesse parabenizando o **realizador** pelas suas ações, e o **sonhador** revigora as energias ao perceber que algo de valor está sendo realizado para a sua vida e para a realização dos seus sonhos.

Muitas pessoas me perguntam qual o motivo de sempre começarem algo na vida e não darem continuidade, e eu sempre respondo que é pela falta do senso de propósito. Quando percebemos as consequências futuras das nossas ações e alinhamos de maneira estratégica as três partes internas para que elas se engajem sobre aquela missão, as nossas ações geram ainda mais energia pelo prazer das realizações e avanços.

De certa forma, esse alinhamento fortalece também os cinco recursos da Imunidade Emocional. O primeiro deles, a fé, está ligado ao senso de propósito, ao entendimento de que não estamos executando uma simples ação, e sim contribuindo para uma realização maior. Tendemos a ter mais paciência quando percebemos que as coisas estão evoluindo no seu tempo, e que todo aquele esforço será recompensado com algo significativo. A paz de espírito é um recurso fortalecido para que possamos permanecer tranquilos quando as coisas derem errado e persistir para fazer dar certo até dar certo. Ainda que as coisas estejam dando errado sobre algum projeto de vida seu, vale a pena manter a calma, valorizar os acertos, aprender com os erros, com paciência e gentileza, para evoluir cada vez mais em direção ao sucesso. A autovalorização traz o sentido de que as ações que executamos têm um significado para nós, ainda que as outras pessoas não percebam o valor delas ou não compreendam a importância daquela realização.

Portanto, sempre que for começar qualquer ação do seu dia, pergunte-se:

***Por que estou fazendo isso?***

▶ **Por que estou comendo?**

Para me manter saudável e cuidar de mim mesmo. Este é um exercício de amor-próprio.

▶ **Por que estou conversando com meu filho?**

Para que ele se torne uma pessoa feliz, de sucesso, equilibrada, confiante, capaz de superar os desafios da vida e realizar os seus sonhos.

▶ **Por que estou trabalhando nisso?**

Para trazer resultados, soluções para a vida das pessoas.

▶ **Por que estou estudando isso?**

Para realizar os meus objetivos de vida.

▶ **Por que vou fazer esses exercícios físicos?**

Para cuidar da minha saúde, me superar física e mentalmente, para que eu tenha uma imagem bonita e atraente.

▶ **Por que vou ler esse livro?**

Porque ele vai me trazer conhecimentos, vai me ajudar a encontrar soluções para certos problemas e me permitir aproveitar oportunidades importantes para mim.

▶ **Por que vou aprender um novo idioma?**

Para poder me realizar pessoal e profissionalmente, viajar o mundo, aprender mais e aproveitar oportunidades de negócios, conseguir novos empregos ou novos clientes.

A força do propósito é demonstrada quando se observa uma mãe ou um pai cuidando dos seus filhos. É uma doação imensa, são noites em claro por vários meses e uma vida inteira de orações em favor deles.

Encontre um propósito, uma motivação, em cada uma das suas ações, em cada etapa do seu dia, e você vai experimentar uma vida muito mais cheia de energia e de alegria de viver, pois quando se vive com a compreensão de que tudo o que fazemos está transformando a nossa vida, viver se torna maravilhoso, e cada dia passa a ser percebido com muito mais gratidão e entusiasmo.

## Seu foco está na dor ou nos objetivos?

Seguindo a mesma linha e propósito, lembro-me de quando recebi a minha faixa roxa no jiu-jitsu. Naquela época, eu ainda era um faixa-azul, a segunda graduação de faixas, e estava muito cansado pela correria da faculdade e do trabalho. Tinha pedido ao meu professor, Diojone Farias, para pegar leve no treino do dia. Ele recebeu o meu pedido com um sorriso do qual jamais me esquecerei, aquele sorriso que diz: "Eu não vou lhe dar o que você está me pedindo, e sim aquilo de que você mais precisa. Deixa comigo."

Logo no começo do treino, ele falou que estávamos precisando dar um gás, e que teríamos que fazer tudo dez vezes. Fazíamos cem polichinelos; hoje, seriam mil. Eram apenas cinquenta abdominais; agora, quinhentos. Eram somente dez flexões de braço; hoje faríamos cem. Depois de uma série longa de exercícios, ele criou um circuito incluindo agachamento, fazer barras segurando na lapela do quimono, saltos sobre obstáculos e outras atividades.

Quando a parte dos exercícios físicos acabou, chegou a hora da alegria, o momento dos combates com parceiros de treino. A regra era: quem está cansado senta na parede da direita; quem vai lutar, senta na parede da esquerda. Eu fui me arrastando para a parede do descanso, e logo que cheguei, ele chamou: "Felipe, vem aqui descansar com esse faixa-preta de 120 quilos". Na época, eu pesava cerca de 85 quilos, e aquele combate foi um massacre. Eu devo ter sido finalizado umas dez vezes em cinco minutos, e fiz o que pude para me defender.

Finalizado o primeiro combate, voltei tranquilo para a parede do descanso, e o professor insistiu: "Felipe, vem descansar aqui com esse faixa-marrom". Como faixa-azul, eu não tinha muitas chances contra o faixa-marrom, e fiz o que pude para não ser finalizado tantas vezes — sem muito sucesso.

Depois do segundo combate, eu estava completamente acabado, mal conseguia ficar de pé. Quando a exaustão física chega forte em um treino de jiu-jitsu, você não consegue respirar direito, não consegue pensar, e fechar a mão seria um desafio pela fadiga dos músculos do antebraço. Eu nem arrisquei ir para a parede do descanso. Fiquei deitado, parado, imóvel, na esperança de que Deus iluminasse o coração do meu professor e ele não me chamasse mais para lutar com ninguém. Parece que Deus e o Diojone estavam decididos a testar os meus limites naquele dia. Como fiquei em um local de luta, o professor já colocou na minha frente um garoto de dezesseis anos, também faixa-azul. O problema é que ele era um campeão de natação, com um condicionamento físico de atleta profissional. O sujeito não cansava por nada nesse mundo, ainda que fizesse vários combates em um mesmo treino. Decidi partir para cima e dar tudo (o que sobrava) de mim para fazer o melhor combate possível. A cada finalização que eu conseguia sobre ele, ele revidava e me finalizava na próxima rodada. Eu estava tomado por uma raiva controlada, um desejo de vencer, uma determinação absoluta para deixar de lado o cansaço e focar no combate. Depois daquela exaustiva maratona contra o faixa-azul campeão de natação, quando a luta acabou, fiz tudo o que pude para ficar de pé, olhar para o meu professor e perguntar para ele: "Quem é o próximo?"

Naquele momento, ele parou o treino, reuniu os alunos e anunciou que eu tinha acabado de ganhar a faixa roxa. Na mesma hora, eu me sentei no chão e chorei. O choro foi de alegria pela superação, foi de cansaço, foi de perceber que naquele treino eu não estava transformando o meu corpo ou as minhas habilidades técnicas para lutar, e sim a minha mente. Quando recebi a faixa roxa, Diojone me disse algo de que me lembro todos os dias: "No seu próximo treino, lembre-se por que você está aqui. Para se transformar em uma pessoa melhor, não para sair daqui a mesma pessoa. Não venha para cá com o foco na sua dor, e sim nos seus objetivos."

# ALIADOS DA DISCIPLINA

*Quem são os seus aliados na vida?
Com quem você pode contar para superar
os seus desafios e dificuldades e realizar os
seus objetivos?*

Os relacionamentos são os nossos maiores ativos. Ganhar dinheiro e ter sucesso fica muito mais fácil quando se tem relacionamentos com pessoas que podem ensinar lições estratégicas preciosas, que por sua vez trazem excelentes benefícios e evitam grandes prejuízos. Por meio dos seus relacionamentos, você poderá ter excelentes e únicas oportunidades, que podem mudar completamente a sua vida.

E será que a sua saúde está ligada aos seus relacionamentos? Claro que sim. Por meio dos seus relacionamentos, é possível manter hábitos saudáveis, como dieta e academia, praticar um esporte e até evitar o uso de drogas. Se quiser aumentar as chances de manter a regularidade em um esporte ou a frequência em uma academia, basta marcar com alguém, um amigo, namorado ou familiar, pois o compromisso de fazer isso em conjunto irá motivar os dois a seguirem em frente.

Eu poderia citar aqui, sem exagero, centenas de exemplos de situações em que os relacionamentos que tive a alegria de fazer na minha vida me ajudaram a superar enormes dificuldades, a realizar grandes objetivos e a criar e aproveitar excelentes oportunidades.

O fato é que, quando se aprende a construir e cuidar dos relacionamentos, quer seja na família, nos estudos, no trabalho, na vida social e até na área afetiva, a vida muda, de forma estratégica, em vários aspectos, inclusive no favorecimento da realização dos sonhos.

Mas essa construção e cuidado dos relacionamentos precisa ser sincera e genuína. O que não falta são pessoas interesseiras que só pensam em manter um relacionamento pelos ganhos que ele trará. Nesse sentido, o primeiro passo que aprendi foi ensinado por Don Corleone, no filme *O Poderoso Chefão*: dê antes. Quando você toma a iniciativa de ajudar as pessoas, elas naturalmente sentirão vontade de retribuir. E se você faz de coração, ajuda as pessoas sem esperar nada em troca, o universo trata de devolver tudo o que você faz em quantidade ainda maior.

Sempre há o equilíbrio entre o que se dá e o que se recebe do universo. Se está recebendo pouco do que precisa ou espera da vida, provavelmente não está dando ou contribuindo o suficiente ou da forma mais eficaz. Se quer receber mais apoio, incentivo e até valorização, apoie mais as pessoas, incentive-as mais e valorize ainda mais aqueles que tiver a oportunidade.

Você pode ter uma boa conversa com cada pessoa que pode vir a ser um aliado seu. Nessa conversa, é interessante conversar sobre os sonhos dela e sobre como você pode contribuir para ajudá-la a realizar cada um deles. Mantenha o foco na outra pessoa e no que você pode fazer para ajudá-la de alguma forma, nem que seja deixando de fazer algumas coisas que poderiam atrapalhar.

Talvez seja interessante, após essa conversa, elaborar um cartaz dos sonhos para essa pessoa e dá-lo de presente para ela. Uma alternativa é convidar a pessoa para elaborar o cartaz junto com você. Quando esse cartaz estiver finalizado, imprima-o e entregue-o, oferecendo sua ajuda e pedindo a ajuda dessa pessoa para o seu.

Isso pode funcionar com algumas pessoas, com outras não, mas você só vai saber o resultado se arriscar e tentar. Como já escrevi antes, algumas pessoas vão ignorar essa ação, outras vão rir e desdenhar, mas algumas vão comprar a ideia, e estará criada uma corrente do bem. O garimpeiro que não suporta encontrar o barro e as pedras não terá a alegria de encontrar ouro. Garimpe os seus aliados do sucesso, converse com as pessoas, abra o seu coração e coloque-se à disposição para fazer a diferença na vida delas.

É impressionante como pessoas que moram em uma mesma casa, como pais e filhos, irmãos, cônjuges, ou então colegas de trabalho que dividem a mesma sala por anos são completos estranhos e não sabem quase nada sobre os sonhos uns dos outros, os desafios e dificuldades em suas vidas.

Para mudar isso, fortaleça os cinco recursos da Imunidade Emocional e livre-se do medo do julgamento alheio.

- A **paz de espírito** ajuda a impedir que as críticas e reações negativas o atinjam. Algumas pessoas não conseguirão entender o que você está fazendo e vão interpretar a sua ação das mais diversas formas possíveis. Alguns vão chamá-lo de interesseiro e dizer que está oferecendo ajuda para realizar o cartaz dos sonhos deles com o interesse de ser ajudado. Decida não pegar o negativismo das outras pessoas para você. Deixe lá fora o que não é seu e aquilo que não lhe faz bem.

- A **autovalorização** vai ajudá-lo a lembrar-se de quem você é, do seu valor. Perceba o valor de tentar transformar a vida das pessoas e também de transformar e melhorar a sua vida. Nessa corrente do bem, todos ganham.

- A **paciência** vai ajudá-lo a persistir diante dos insucessos se as pessoas não comprarem a ideia da troca de cartaz dos sonhos e de apoio mútuo. Esse será um recurso essencial para aguentar a intolerância das outras pessoas e tentar trazer o máximo de pessoas possível para essa corrente do bem.

- A **gentileza** será necessária para que você não julgue as outras pessoas se elas não aceitarem essa ideia e para que seja gentil com elas, ainda que elas não sejam gentis com você. Perceba que cada um dá o que tem, o que pode dar, e talvez algumas pessoas não estejam dispostas a lhe dar apoio, ainda que você as apoie. Continue apoiando assim mesmo.

- A **fé** vai ajudá-lo a perceber que essa corrente de incentivo e apoio para a promoção de mudanças, superação de dificuldades e realização de sonhos é muito maior do que os seus próprios sonhos. As transformações de uma pessoa inevitavelmente começam a favorecer as transformações de outras pessoas. Acredite, persista e faça dar certo até dar certo.

Sempre que um aliado seu começar a agir mais pela cobrança do que pelo apoio, faça uso do recurso da paciência e converse com ele, para ajudá-lo e incentivá-lo de forma positiva. Muitas pessoas acham que vão ajudar os outros pela cobrança negativa: "Você vive prometendo e fazendo planos, mas nunca faz nada direito!"

Contudo, na verdade, os seus aliados precisam funcionar como **críticos** apoiadores, atendendo aos três requisitos do **crítico** interno apoiador. Oriente-os sobre a necessidade dos **parabéns**, da valorização e do reconhecimento das ações positivas, interna e externamente, para si mesmo e para os outros.

Converse sobre a necessidade da **calma**, para que aprendam com gentileza e paciência sobre os erros, insucessos e resultados insatisfatórios. Por fim, explique que é necessário **evoluir**, para que sugestões de melhoria sejam dadas de forma positiva, para que aquilo que está bom fique ainda melhor, e que aquilo que está ruim seja superado e melhorado de vez.

Muitas pessoas não pedem ajuda, não compartilham o seu cartaz dos sonhos e não iniciam as ações para a criação dessa corrente de apoio mútuo pelo medo de receberem mais cobrança do que apoio, mais pressão do que incentivo. Mas uma boa conversa com uma dose de paciência e persistência pode ajudar a transformar esse comportamento. Perceba que, mesmo que você não convide as pessoas para participar desse processo, elas naturalmente tendem a agir com o padrão de comportamento de cobrança em vez de apoio. Com esse diálogo e persistindo para que as três funções básicas do crítico sejam atendidas, você pode contribuir para a mudança de comportamento da sua família, dos seus amigos e das pessoas mais próximas.

De verdade, você não tem nada a perder tomando essa iniciativa. Acredite, você tem muito a ganhar com isso.

# PALAVRAS FINAIS

Parabéns! Se você chegou até aqui, algumas mudanças já devem ser nítidas na sua vida – e tenho certeza de que outras tantas irão surgir, com paciência e persistência.

Lembre-se: tudo na vida é treino.

- Você precisa continuar a treinar a sua alegria de viver.
- É necessário treinar a sua capacidade de manter uma paz de espírito inabalável diante das críticas, erros e insucessos.
- Mas importante mesmo será o treino diário do perdão, a chave da vida pra fazer as pazes com o seu passado, viver plenamente o presente e vencer os medos do futuro.

Treine a sua mente para ver a vida com amor, para se ver com amor e perceber em cada respiração sua o milagre da vida.

Eu adoraria poder continuar essa prosa com você pelas nossas Redes Sociais: Instagram, Canal do Youtube e Telegram. Pra receber os links atualizados de cada canal, basta nos enviar um e-mail no suporte@sougenius.com.br, combinado?

Vai ser incrível receber mensagens suas por e-mail me contando das suas conquistas e evoluções.

Quero finalizar este livro agradecendo a você pela confiança.

De todo o meu coração, muito obrigado por ter me dado a oportunidade de compartilhar um pouco da minha vida com você.

Agora você leva um pouco de mim, e eu sempre estarei torcendo pelas suas vitórias!

Ao final das minhas palestras, tenho a honra de tirar fotos com alguns espectadores. Eles me procuram e me pedem para tirar fotos, mas na verdade eles é que são as pessoas com quem eu quero pedir para tirar uma foto, pois a minha gratidão e alegria em ter a permissão e a possibilidade de contribuir de alguma forma com a sua vida, com o seu sucesso e com a sua felicidade é um verdadeiro presente de Deus.

E se você puder continuar mantendo contato comigo e com a minha equipe pelo http://imunidadeemocional.com.br, nós vamos lhe ajudar a promover ainda mais mudanças na sua vida.

Um abraço do amigo Felipe Lima

# REFERÊNCIAS BIBLIOGRÁFICAS

ALLEN D. *A arte de fazer acontecer: o método GTD (Getting things done)*. Trad. sob direção de Afonso Celso da Cunha Serra. 1. ed. Rio de Janeiro: Sextante, 2016.

BURCHARD B. *Life's golden ticket: a story about second chances*. 1. ed. Estados Unidos: Harperone, 2016.

BURCHARD B. *The motivation manifesto*. 1. ed. Estados Unidos: Hay House, 2014.

CAETANO G. *Pense Simples*. 1. ed. São Paulo: Editora Gente, 2017.

DILTS R.B. *Enfrentando a audiência*. 1. reimpr. Trad. sob direção de Heloisa de Melo Martins Costa. São Paulo: Summus, 1994.

DILTS R.B. *Estratégia da genialidade*. 1. ed. Trad. sob direção de Heloisa de Melo Martins Costa. São Paulo: Summus, 1998. v. 1.

DILTS R.B. *From coach to awakener*. Capitola: Meta Publications, 2003.

DILTS R.B; EPSTEIN T. *Aprendizagem dinâmica 1*. Trad. sob direção de Denise Maria Bolanho. São Paulo: Summus, 1999. v. 1.

DILTS R.B; HALLBOM T; SMITH S. *Crenças: caminhos para saúde e o bem-estar*. 4. ed. Trad. sob direção de Heloisa de Melo Martins Costa. São Paulo: Summus, 1993.

DUCKWORTH A. *Garra: o poder da paixão e perseverança*. 2. ed. Rio de Janeiro: Intrínseca, 2016.

DUHIGG C. *The power of habit: Why we do what we do in life and business*. 1. ed. Estados Unidos: Random House, 2012.

DWECK C. *Mindset: a nova psicologia do sucesso*. 1. ed. Trad. sob direção de S. Duarte. São Paulo: Objetiva, 2017.

ERICKSON M. H. *My voice will go with you: the teaching tale of Milton H. Erickson*. 1. reimpr. Estados Unidos: W.W Norton Company, 1991.

FERRISS T. *Trabalhe 4 horas por semana: fuja da rotina, viva onde quiser e fique rico*. Trad. sob direção de Rafael Leal e Elvira Serapicos. 2. ed. São Paulo: Planeta do Brasil, 2016.

GODINHO T. *Vida organizada: Como definir prioridades e tornar seus sonhos em objetivos*. 1. ed. São Paulo: Editora Gente, 2016.

GOLEMAN D. *Foco: a atenção e seu papel fundamental para o sucesso*. 1. ed. Trad. sob direção de Cássia Zanon. Rio de Janeiro: Objetiva, 2013.

GRAHAM B. *O investidor inteligente*. Trad. sob direção de Lourdes Sette. 4. ed. Rio de Janeiro: Harper Collins Brasil, 2016.

GRANT A. *Dar e receber: Uma abordagem revolucionária sobre sucesso, generosidade e influência*. 1. ed. Trad. sob direção de Afonso Celso da Cunha Serra. Rio de Janeiro: Sextante, 2014.

HILL N. *A Lei do Triunfo*. 36. ed. Rio de Janeiro: José Olympio, 2015.

HILL N; BRITO L. *Atitude Mental Positiva*. 1. ed. Porto alegre: Citadel, 2015.

HUNTER J. C. *O monge e o executivo: uma história sobre a essência da liderança*. 1. ed. Trad. sob direção de Maria da Conceição. Botafogo, Rio de Janeiro: Sextante, 2004.

ISERT B. *A linguagem da mudança*. 1. ed. Rio de Janeiro: Summus, 1998.

KAHNEMAN D. *Thinking, fast and slow*. 1. ed. Estados Unidos: Farrar, Straus and Giroux, 2011.

KELLER G; PAPASAN J. *A única coisa*. 1. ed. Trad. sob direção de Caio Pereira. Barueri, São Paulo: Novo Século Editora, 2014.

KIYOSAKI R. *Pai Rico, Pai Pobre*. 1. ed. Trad. sob direção de Maria José Cyhlar Monteiro. Rio de Janeiro: Alta Books, 2000.

KNAPP J; ZERATSKY J; KOWITZ B. *Sprint: o método usado no google para testar e aplicar novas ideias em apenas cinco dias*. 1. ed. Trad. sob direção de Andrea Gottlieb. Rio de Janeiro: Intrínseca, 2017.

MAXWELL J. C. *Às vezes você ganha, às vezes você aprende*. Trad. sob direção de Carla Ribas. 1. ed. Bangu, Rio de janeiro: CPad, 2015.

MURPHY J; HILL N; ALLEN J. *O Guia do Sucesso e da Felicidade: conselhos de sabedoria e de grandes pensadores*. 1. ed. Trad. sob direção de Sandra Martha Dolinsky. Rio de Janeiro: Best Seller, 2015.

ROBBINS A. *Desperte seu gigante interior*. 3. ed. Trad. sob direção de Haroldo Neto e A. B. Pinheiro de Lemos. Rio de Janeiro: Record, 1993.

ROSS A; TYLER M. *Receita previsível. Predictable Revenue*. 1. ed. Trad. sob direção de Celina Pedrina Siqueira Amaral. São Paulo: Autêntica Business, 2017.

SLAVIERO V.L. *A cura pelas metáforas*. 1. ed. São Paulo: Appris, 2015.

THEML G. *Produtividade para quem quer tempo: aprenda a produzir mais, sem ter que trabalhar mais*. 1. ed. São Paulo: Editora Gente, 2016.

TOLLE E. *The power of now: a guide to spiritual enlightment*. 1. ed. Vancouver, Canada: New World Library, 2010.

TSU S; EMEDIATO L. F. *A arte da guerra: os treze capítulos originais*. Ed. Luxo. Trad. e adap. sob direção de André da Silva Bueno. São Paulo: Jardim dos Livros, 2011.

VIEIRA P. *Fator de enriquecimento: uma fórmula simples e poderosa que vai te enriquecer e fazer você atingir seus objetivos*. São Paulo: Editora Gente, 2016.

VIEIRA P. *O poder da ação: faça sua vida ideal sem sair do papel*. 1. ed. São Paulo: Editora Gente, 2015.

Transformação pessoal, crescimento contínuo, aprendizado com equilíbrio e consciência elevada. Essas palavras fazem sentido para você? Se você busca a sua evolução espiritual, acesse os nossos sites e redes sociais:

**Leia Luz** – o canal da Luz da Serra Editora no **YouTube**:

Luz da Serra Editora no **Instagram**:

Luz da Serra Editora no **Facebook**:

Conheça também nosso **Selo MAP** – **Mentes de Alta Performance**:

No **Instagram**:

No **Facebook**:

Conheça todos os nossos livros acessando nossa **loja virtual**:

---

Conheça os sites das outras empresas do Grupo Luz da Serra:

luzdaserra.com.br

iniciados.com.br

luzdaserra

---

**Luz da Serra** ®
EDITORA

Avenida Quinze de Novembro, 785 – Centro
Nova Petrópolis / RS – CEP 95150-000
Fone: (54) 3281-4399 / (54) 99113-7657
E-mail: loja@luzdaserra.com.br